VEGAN BACKEN

DIE BESTEN REZEPTE

02

03

01

04

INHALT

01

KLASSISCH & UNWIDERSTEHLICH

MARMORKUCHEN
MIT PUDERZUCKER

ZUBEREITUNG

01. Den Backofen auf 180 °C vorheizen. Eine Gugelhupfform einfetten und mit den Bröseln ausstreuen. Die Margarine mit Zucker, Vanillezucker, Safran, Zitronensaft und -schale schaumig rühren. Den Reisdrink und 175 ml Mineralwasser langsam unterrühren. Das Mehl mit der Speisestärke und dem Backpulver mischen und rasch unterrühren.

02. Etwa ein Drittel vom Teig abnehmen und den Kakao mit 2 bis 3 EL Mineralwasser unterrühren. Den restlichen, hellen Teig in die Form füllen und den dunklen Teig daraufgeben. Mit einer Gabel oder einem Stäbchen den Schokoladenteig kreisförmig unterheben, sodass im Inneren des Kuchens ein Marmormuster entsteht.

03. Den Kuchen im Ofen auf der mittleren Schiene etwa 1 Stunde backen. Die Stäbchenprobe machen: Wenn an einem hineingestochenen Holzstäbchen kein Teig mehr kleben bleibt, ist der Kuchen fertig. Den Kuchen auf ein Kuchengitter stürzen und auskühlen lassen. Den Marmorkuchen mit Puderzucker bestäubt servieren.

TIPP – *Die im Mineralwasser enthaltene Kohlensäure macht den Teig schön locker, insbesondere in Verbindung mit anderen Backtriebmitteln.*

ZUTATEN FÜR 1 GUGELHUPFFORM (24 CM Ø)

- **Margarine und Semmelbrösel für die Form**
- **200 g Margarine**
- **175 g Zucker**
- **2 EL Vanillezucker**
- **1 Msp. gemahlener Safran**
- **Saft und abgeriebene Schale von ½ Bio-Zitrone**
- **100 ml Reisdrink**
- **ca. 200 ml Mineralwasser (mit Kohlensäure)**
- **275 g Dinkelmehl**
- **125 g Speisestärke**
- **1 Päckchen Weinsteinbackpulver**
- **3–4 EL Kakaopulver**
- **Puderzucker zum Bestäuben**

BANANENBROT
MIT SCHOKOLADENGLASUR

ZUBEREITUNG

01. Den Backofen auf 180 °C vorheizen. Eine Backform mit Backpapier auslegen. Die Bananen schälen, etwa 500 g abwiegen und klein schneiden. Die Limette halbieren und auspressen. Die Bananen mit dem Limettensaft noch leicht stückig zerdrücken.

02. Das Mehl mit Nüssen, Carob, Backpulver und Vanillezucker in einer Schüssel mischen. Kokosmilch, Bananen und Ahornsirup dazugeben und alles zu einem glatten Teig verrühren. Je nach Reife der Bananen ist der Teig süß genug, falls nicht, noch etwas mehr Ahornsirup hinzufügen. Den Teig in die Form füllen und im Ofen auf der mittleren Schiene etwa 40 Minuten backen. Anschließend herausnehmen und auskühlen lassen.

03. Die Schokolade grob hacken und im heißen Wasserbad schmelzen. Den Kuchen damit überziehen und die Schokolade fest werden lassen. Das Bananenbrot in Stücke geschnitten servieren.

TIPP – ***Carobpulver wird oft als Ersatz für Kakao verwendet, hat aber einen ganz eigenen Geschmack. Es wird aus den Früchten des Johannisbrotbaumes gewonnen, der auch im Mittelmeerraum wächst.***

ZUTATEN FÜR 1 BACKFORM (CA. 25 × 25 CM)

+ **4–5 Bananen**
+ **1 Limette**
+ **275 g Dinkelvollkornmehl**
+ **75 g gemahlene Haselnüsse**
+ **1–2 TL Carobpulver**
+ **3 TL Backpulver**
+ **1 EL Vanillezucker**
+ **200 ml Kokosmilch**
+ **ca. 2 EL Ahornsirup**
+ **80 g vegane Milchschokolade**

SCHOKOLADEN-ROTE-BETE-KUCHEN

MIT HIMBEEREN

ZUTATEN FÜR 1 SPRINGFORM (24 CM Ø)

- Öl für die Form
- 200 g Rote Bete (vorgegart und vakuumiert)
- 300 g Dinkelmehl
- 150 g gemahlene Haselnüsse
- 40 g Zucker
- 1 EL Vanillezucker
- 1 TL Zimtpulver • Salz
- 3 TL Backpulver
- 4 EL Kakaopulver
- 100 ml Sojadrink
- 2 EL Himbeersirup
- 100 ml Sonnenblumenöl
- Himbeeren zum Garnieren

ZUBEREITUNG

01. Den Backofen auf 180 °C vorheizen. Eine Springform einfetten. Die Rote Bete auf der Küchenreibe fein raspeln (am besten mit Einweghandschuhen, da die Knollen abfärben).

02. Das Mehl mit Nüssen, Zucker, Vanillezucker, Zimt, 1 Prise Salz, Backpulver und Kakao in einer Schüssel mischen. Den Sojadrink und den Himbeersirup unterrühren, das Öl dazugießen und alles verrühren, bis ein geschmeidiger Teig entsteht.

03. Die Rote-Bete-Raspel unterheben und den Teig in die Form füllen. Den Kuchen im Ofen auf der mittleren Schiene etwa 35 Minuten backen. Den Kuchen herausnehmen und auskühlen lassen.

04. Die Himbeeren verlesen, waschen und trocken tupfen. Den Schokoladen-Rote-Bete-Kuchen in Stücke schneiden und mit Himbeeren garniert servieren.

SCHOKOLADENKUCHEN
MIT POCHIERTEN BIRNEN

ZUTATEN FÜR 1 SPRINGFORM (24 CM Ø)

- **1 Bio-Zitrone**
- **½ Zimtstange**
- **ca. 230 g Zucker**
- **5–6 kleine Birnen**
- **Margarine und Mehl für die Form**
- **100 g vegane Zartbitterschokolade**
- **100 g feiner brauner Zucker**
- **1 EL Vanillezucker**
- **200 g Mehl • 50 g Speisestärke**
- **60 g Kakaopulver • 3 TL Backpulver**
- **150 ml Rapsöl • 200 ml Reisdrink**
- **Puderzucker zum Bestäuben**

ZUBEREITUNG

01. Die Zitrone heiß waschen, trocken reiben und die Schale abreiben. Den Saft auspressen. Etwa 400 ml Wasser mit Zitronenschale und -saft, Zimtstange und 2 bis 4 EL Zucker zum Kochen bringen. Die Birnen halbieren, schälen und entkernen. In den Sud geben und etwa 5 Minuten vorgaren. Dann aus dem Sud nehmen, abtropfen und auskühlen lassen.

02. Den Backofen auf 170 °C vorheizen. Eine Springform einfetten und mit Mehl bestäuben. Die Schokolade fein raspeln. Den restlichen Zucker, braunen Zucker, Vanillezucker, Mehl, Speisestärke, Kakao und Backpulver in einer Schüssel mischen. Das Öl mit dem Reisdrink verrühren, dann die trockenen Zutaten dazugeben und gut unterrühren. Nun noch so viel Wasser (bis zu etwa 80 ml) unterrühren, dass der Teig geschmeidig, aber auf keinen Fall zu flüssig wird. Die Schokolade unterziehen. Den Teig in die Form füllen und glatt streichen. Die Birnen darauflegen und leicht eindrücken.

03. Den Kuchen im Ofen auf der mittleren Schiene etwa 20 Minuten backen. Falls der Kuchen zu stark bräunt, mit Alufolie abdecken. Weitere 20 bis 30 Minuten backen. Herausnehmen und abkühlen lassen. Den Schokoladenkuchen in Stücke geschnitten und mit Puderzucker bestäubt servieren.

HASELNUSSKUCHEN
MIT KAFFEE

ZUBEREITUNG

01. Den Backofen auf 180 °C vorheizen. Eine Kranzform einfetten und mit Mehl bestäuben. Die Vanilleschote längs aufschneiden und das Mark mit einem spitzen Messer herauskratzen. Nüsse, Mehl, Zucker, Vanillemark, 1 Prise Salz, Backpulver und Kakao in einer Schüssel mischen.

02. Die Margarine in Flöckchen zu der Mehlmischung geben. Den Haselnussdrink und den Kaffee unter Rühren dazugießen. Alles zu einem glatten Teig verrühren.

03. Den Teig in die Form füllen und im Ofen auf der mittleren Schiene etwa 1 Stunde backen. Die Stäbchenprobe machen: Wenn an einem hineingestochenen Holzstäbchen kein Teig mehr kleben bleibt, ist der Kuchen fertig.

04. Den Haselnusskuchen aus dem Ofen nehmen und in der Form auskühlen lassen, dann vorsichtig stürzen und in Stücke geschnitten servieren.

ZUTATEN FÜR 1 KRANZFORM (26 CM Ø)

+ **Margarine und Mehl für die Form**
+ **1 Vanilleschote**
+ **250 g gemahlene Haselnüsse**
+ **250 g Mehl**
+ **250 g brauner Zucker**
+ **Salz**
+ **4 TL Backpulver**
+ **4 EL Kakaopulver**
+ **50 g Margarine**
+ **150 ml Haselnussdrink**
+ **150 ml kalter Kaffee**

TIPP – ***Der Haselnussdrink sorgt dafür, dass der Teig besonders saftig wird. Wer mag, bestäubt den Kuchen noch mit etwas Puderzucker. Und Schokoladen-Fans können ihn auch mit einer Schokoglasur überziehen.***

KOKOSSCHNITTEN
MIT VANILLENOTE

ZUTATEN FÜR 1 BACKFORM (CA. 20 × 30 CM)

+ **150 g vegane Butter**
+ **4 EL Apfelmus**
+ **Salz**
+ **100 g Zucker**
+ **1 EL Vanillezucker**
+ **100 g Mehl**
+ **2 EL Speisestärke**
+ **1 TL Backpulver**
+ **200 g Kokosraspel**
+ **50 ml Kokosmilch**

ZUBEREITUNG

01. Den Backofen auf 190 °C vorheizen. Eine Backform mit Backpapier belegen. Die Butter mit den Quirlen des Handrührgeräts cremig rühren.

02. Das Apfelmus, 1 Prise Salz, den Zucker und Vanillezucker unter die Butter rühren. Das Mehl mit der Speisestärke und dem Backpulver mischen, darübersieben und unterziehen. Die Kokosraspel und -milch unterrühren.

03. Den Teig in die Form füllen und glatt streichen. Im Ofen auf der mittleren Schiene etwa 35 Minuten backen. Die Stäbchenprobe machen: Wenn an einem hineingestochenen Holzstäbchen kein Teig mehr kleben bleibt, ist der Kuchen fertig. Herausnehmen, auskühlen lassen, dann in Stücke schneiden und die Kokosschnitten servieren.

BROWNIES
MIT MACADAMIANÜSSEN

ZUTATEN FÜR 1 BACKFORM (CA. 20 × 30 CM)

+ **75 g vegane Zartbitterkuvertüre**
+ **150 g Margarine**
+ **175 g Mehl**
+ **2 EL Kakaopulver**
+ **1 TL Backpulver**
+ **Salz**
+ **100 g brauner Zucker**
+ **100 g Zucker**
+ **ca. 75 ml Sojadrink**
+ **300 g Seidentofu**
+ **80 g Macadamianusskerne**

ZUBEREITUNG

01. Den Backofen auf 190 °C vorheizen. Eine Backform mit Backpapier auslegen. Die Kuvertüre grob hacken. Mit der Margarine in einen kleinen Topf geben und bei schwacher Hitze unter Rühren schmelzen. Anschließend vom Herd nehmen.

02. Das Mehl mit Kakao, Backpulver, 1 Prise Salz und beiden Zuckersorten in einer Schüssel gut mischen. Die Schokoladen-Margarine unterrühren, dann den Sojadrink, den Tofu und die Nüsse untermischen. Es sollte ein streichfähiger Teig entstehen. Falls nötig, die Sojadrinkmenge leicht variieren.

03. Den Teig in die Form füllen, glatt streichen und im Ofen auf der mittleren Schiene etwa 30 Minuten backen. Die Stäbchenprobe machen: Wenn an einem hineingestochenen Holzstäbchen kein Teig mehr kleben bleibt, sind die Brownies fertig. Sie sollten noch schön saftig sein. Herausnehmen, auskühlen lassen und die Brownies in Stücke geschnitten servieren.

KICHERERBSEN-BROWNIES
MIT VANILLE

ZUBEREITUNG

01. Den Backofen auf 190 °C vorheizen. Eine Backform mit Backpapier auslegen. Die Kuvertüre grob hacken. Mit der Butter in einen kleinen Topf geben und bei schwacher Hitze unter Rühren schmelzen. Anschließend vom Herd nehmen.

02. Das Kichererbsenmehl mit Kakao, Vanillemark, Backpulver, 1 Prise Salz und Zucker in einer Schüssel gut vermischen. Die Schokoladen-Butter unterrühren, dann den Mandeldrink und den Tofu untermischen. Es sollte ein streichfähiger Teig entstehen. Falls nötig, die Mandeldrinkmenge leicht variieren.

03. Den Teig in die Form füllen, glatt streichen und im Ofen auf der mittleren Schiene etwa 30 Minuten backen. Die Stäbchenprobe machen: Wenn an einem hineingestochenen Holzstäbchen kein Teig mehr kleben bleibt, sind die Brownies fertig. Sie sollten noch schön saftig sein. Die Brownies herausnehmen, auskühlen lassen und in Stücke schneiden. Die Kichererbsen-Brownies mit Kakao bestäubt servieren.

TIPP – *Kichererbsenmehl sorgt für Bindung und macht den Teig locker. Somit ist es wunderbar als Ei-Ersatz einsetzbar.*

ZUTATEN FÜR 1 BACKFORM (CA. 20 × 30 CM)

- **75 g vegane Zartbitterkuvertüre**
- **150 g vegane Butter**
- **175 g Kichererbsenmehl**
- **2 EL Kakaopulver**
- **½ TL Vanillemark**
- **1 TL Backpulver**
- **Salz**
- **200 g brauner Zucker**
- **ca. 75 ml Mandeldrink**
- **300 g Seidentofu**
- **Kakaopulver zum Bestäuben**

GEFÜLLTER HEFEKUCHEN

MIT ROSINEN UND ZIMT

ZUBEREITUNG

01. Für den Teig die Rosinen im Rum einweichen. Die Hefe mit dem Zucker in dem lauwarmen Haferdrink auflösen. Das Mehl mit 1 Prise Salz mischen, in eine Schüssel geben, in die Mitte eine Mulde drücken und die Hefemischung hineingeben. Die Margarine hinzufügen und alles mit den Händen oder den Knethaken des Handrührgeräts zu einem glatten, geschmeidigen Teig verarbeiten. Falls nötig, noch etwas Mehl oder Haferdrink hinzufügen. Zugedeckt an einem warmen Ort etwa 45 Minuten gehen lassen.

02. Den Backofen auf 180 °C vorheizen. Eine Kastenform einfetten und mit Mehl bestäuben. Den Teig auf der bemehlten Arbeitsfläche noch einmal durchkneten. Die Rosinen abtropfen lassen und unterkneten. Dann den Teig etwa 1 cm dünn ausrollen.

03. Für die Füllung den Teig mit der zerlassenen Margarine bestreichen, mit Zimt und Zucker bestreuen und aufrollen. Den Teig in die Kastenform legen, mit kaltem Wasser bepinseln und im Ofen auf der mittleren Schiene 45 bis 50 Minuten goldbraun backen.

04. Den gefüllten Hefekuchen herausnehmen, kurz abkühlen lassen, vorsichtig stürzen und vollständig auskühlen lassen. Zum Verzieren den Puderzucker mit dem Zitronensaft dickflüssig anrühren und in einen Spritzbeutel mit kleiner Lochtülle füllen. In Linien über den Kuchen träufeln und trocknen lassen.

ZUTATEN FÜR 1 KASTENFORM (CA. 30 CM)

FÜR DEN TEIG:

+ **100 g Rosinen**
+ **4 EL Rum**
+ **½ Würfel Hefe (21 g)**
+ **120 g Zucker**
+ **ca. 180 ml lauwarmer Haferdrink**
+ **ca. 350 g Mehl**
+ **Salz**
+ **120 g Margarine**

FÜR DIE FÜLLUNG:

+ **100 g zerlassene Margarine**
+ **2 EL Zimtpulver**
+ **4 EL Zucker**

ZUM VERZIEREN:

+ **60 g Puderzucker**
+ **1–2 TL Zitronensaft**

AUSSERDEM:

+ **Öl und Mehl für die Form**
+ **Mehl für die Arbeitsfläche**

ORANGENKUCHEN
MIT MANDELN

ZUTATEN FÜR 1 BACKBLECH (CA. 30 × 40 CM)

+ **200 g Dinkelmehl**
+ **200 g Weizenmehl**
+ **Salz**
+ **1 TL Natron**
+ **100 ml Sonnenblumenöl**
+ **150 ml Sojadrink**
+ **250 g Reissirup**
+ **1 TL Apfelessig**
+ **200 g kandierte Orangenschale**
+ **250 g Mandelstifte**
+ **80 g brauner Zucker**
+ **150 g Margarine**

ZUBEREITUNG

01. Den Backofen auf 180 °C (Umluft) vorheizen. Ein Backblech mit Backpapier belegen. Beide Mehlsorten, 1 Prise Salz und das Natron in einer Schüssel mischen.

02. In einer weiteren Schüssel das Öl mit dem Sojadrink, dem Reissirup und dem Essig verrühren. Dann unter die Mehlmischung mischen. Falls nötig, noch etwas Wasser hinzufügen. Den Teig auf das Backblech geben und glatt streichen.

03. Die kandierte Orangenschale hacken und mit den Mandeln, dem Zucker und der Margarine in einem kleinen Topf erwärmen. Die Masse gleichmäßig auf dem Teig verteilen und den Kuchen im Ofen auf der mittleren Schiene etwa 45 Minuten goldbraun backen. Den Orangenkuchen aus dem Ofen nehmen, auskühlen lassen und in Stücke geschnitten servieren.

BIRNENKUCHEN
MIT MANDELN

ZUTATEN FÜR 1 BACKBLECH (CA. 30 × 40 CM)

FÜR DEN TEIG:

+ **250 g Zucker**
+ **1 TL abgeriebene Bio-Zitronenschale**
+ **300 g Mehl**
+ **75 g gemahlene Mandeln**
+ **2–3 EL Kakaopulver • Salz**
+ **1 TL Zimtpulver • 250 g Margarine**

FÜR DEN BELAG:

+ **600 ml Mandeldrink**
+ **1 Päckchen Vanillepuddingpulver**
+ **125 g Zucker**
+ **1 kg Birnen**
+ **Saft von 1 Zitrone**
+ **200 g Mandelstifte • ½ TL Zimtpulver**

ZUBEREITUNG

01. Für den Teig Zucker mit Zitronenschale, Mehl, Mandeln, Kakao, 1 Prise Salz und Zimt in einer Schüssel mischen. Margarine in Flöckchen dazugeben und alles zu Krümeln verarbeiten. Dann zu einem festen Teig verkneten. Falls nötig, noch etwas kaltes Wasser dazugeben. Den Teig zu einer Kugel formen und in Frischhaltefolie gewickelt etwa 1 Stunde kühl stellen.

02. Für den Belag 100 ml Mandeldrink mit Puddingpulver und 4 EL Zucker glatt rühren. Restlichen Mandeldrink zum Kochen bringen, angerührtes Puddingpulver einrühren und kurz cremig einköcheln lassen. Vom Herd nehmen und zugedeckt auskühlen lassen. Birnen vierteln, schälen und entkernen. In schmale Spalten schneiden und mit Zitronensaft mischen.

03. Den Backofen auf 180 °C vorheizen. Ein Backblech mit Backpapier belegen. Den Teig darauf ausrollen und im Ofen auf der mittleren Schiene etwa 10 Minuten backen. Herausnehmen und den Pudding auf dem Boden verstreichen. Birnen darauf verteilen und mit Mandeln bestreuen. Nochmals etwa 40 Minuten backen.

04. Den restlichen Zucker mit dem Zimt mischen. Den Birnenkuchen aus dem Ofen nehmen und den Zimtzucker sofort daraufstreuen. Den Birnenkuchen auskühlen lassen.

CROSTATA

MIT KIRSCHEN UND HIMBEEREN

ZUBEREITUNG

01. Für den Teig das Mehl mit Zucker, Vanillezucker, Zitronenschale und Salz auf die Arbeitsfläche häufen. Die Margarine in Flöckchen dazugeben. Alles mit einem Messer zu Krümeln hacken und mit den Händen rasch zu einem festen Teig verkneten. Den Teig zu einer Kugel formen und in Frischhaltefolie gewickelt etwa 1 Stunde kühl stellen.

02. Für den Belag die Kirschen waschen, entstielen und entsteinen. Die Himbeeren verlesen, waschen und trocken tupfen. Kirschen und Himbeeren in einem großen Topf mit dem Zucker und dem Vanillezucker gut mischen. Zugedeckt etwa 30 Minuten ziehen lassen. Dann unter stetigem Rühren aufkochen und etwa 4 Minuten sprudelnd kochen lassen. Vom Herd nehmen und den Likör unterrühren.

03. Den Backofen auf 180 °C vorheizen. Eine Tarteform einfetten. Den Teig in zwei Hälften teilen und eine Hälfte auf der bemehlten Arbeitsfläche in Größe der Tarteform ausrollen. Den Teig in die Tarteform legen, dabei einen niedrigen Rand formen. Die Mandelblättchen daraufstreuen und mit der Kirsch-Himbeer-Konfitüre bestreichen. Die Tarte im Ofen auf der mittleren Schiene etwa 30 Minuten backen.

04. Inzwischen den restlichen Teig ausrollen und mit einem Teigrädchen in etwa 1 cm breite Streifen schneiden. Die Crostata aus dem Ofen nehmen und mit den Streifen gitterartig belegen. Die Sojasahne mit dem Safran verrühren und die Teigstreifen damit bepinseln. Im Ofen nochmals etwa 30 Minuten fertig backen. Falls die Tarte zu stark bräunt, eventuell mit Alufolie abdecken. Die Crostata herausnehmen und auskühlen lassen.

ZUTATEN FÜR 1 TARTEFORM (26 CM Ø)

FÜR DEN TEIG:

+ **350 g Mehl**
+ **125 g Zucker**
+ **1 EL Vanillezucker**
+ **1 TL abgeriebene Bio-Zitronenschale**
+ **½ TL Salz**
+ **250 g Margarine**

FÜR DEN BELAG:

+ **400 g Süßkirschen**
+ **100 g Himbeeren**
+ **180 g Zucker**
+ **2 EL Vanillezucker**
+ **4 cl Johannisbeerlikör**
+ **50 g Mandelblättchen**
+ **2 EL Sojasahne**
+ **1 Msp. gemahlener Safran**

AUSSERDEM:

+ **Margarine für die Form**
+ **Mehl für die Arbeitsfläche**

APFELKUCHEN
MIT STREUSELN

ZUTATEN FÜR 1 BACKBLECH (CA. 30 × 40 CM)

FÜR DEN TEIG:

+ **½ Würfel Hefe (21 g)**
+ **175 ml lauwarmer Sojadrink**
+ **400 g Mehl • 100 g Zucker**
+ **Salz • 80 g Margarine**

FÜR DEN BELAG UND DIE STREUSEL:

+ **800 g säuerliche Äpfel**
+ **Saft von ½ Zitrone**
+ **300 g Mehl • 100 g Zucker**
+ **1 EL Vanillezucker • Zimtpulver**
+ **150 g Margarine**

AUSSERDEM:

+ **Mehl für die Arbeitsfläche**

ZUBEREITUNG

01. Für den Teig die Hefe zerbröckeln und in dem lauwarmen Sojadrink auflösen. Mehl, Zucker und 1 Prise Salz in einer Schüssel mischen und die Hefemischung hineingießen. Margarine in Flöckchen dazugeben und alles zu einem glatten, geschmeidigen Teig verkneten. Falls nötig, noch etwas Sojadrink oder Mehl hinzufügen. Zugedeckt an einem warmen Ort etwa 1 Stunde gehen lassen.

02. Den Backofen auf 180 °C vorheizen. Ein Backblech mit Backpapier belegen. Für den Belag die Äpfel vierteln, schälen und entkernen. Die Apfelviertel in schmale Spalten schneiden und mit dem Zitronensaft mischen.

03. Für die Streusel das Mehl mit dem Zucker, Vanillezucker und 1 Prise Zimt mischen. Die Margarine zerlassen, zu der Mehlmischung geben und alles mit den Fingern zu Streuseln verreiben.

04. Den Teig nochmals kräftig durchkneten und auf der bemehlten Arbeitsfläche in Größe des Blechs ausrollen. Auf das Blech legen und die Äpfel darauf verteilen. Mit den Streuseln bestreuen und im Ofen auf der mittleren Schiene etwa 45 Minuten backen. Herausnehmen und abkühlen lassen. Den Apfelkuchen in Stücke geschnitten servieren.

RHABARBERKUCHEN
MIT MANDELN

ZUTATEN FÜR 1 TARTEFORM (CA. 24 CM Ø)

+ 250 g Mehl
+ 200 g blanchierte, gemahlene Mandeln
+ 150 g Zucker
+ 300 g Margarine
+ Salz
+ Margarine für die Form
+ 400 g Rhabarber
+ 2 EL Vanillezucker
+ 1 Msp. abgeriebene Bio-Zitronenschale
+ 1 EL Speisestärke

ZUBEREITUNG

01. Das Mehl mit den Mandeln, dem Zucker, der Margarine in Flöckchen und 1 Prise Salz in einer Schüssel mit den Knethaken des Handrührgeräts zu Streuseln verarbeiten.

02. Den Backofen auf 180 °C vorheizen. Eine Tarteform einfetten. Den Rhabarber putzen, waschen und in 2 bis 3 cm große Stücke schneiden. Mit dem Vanillezucker, der Zitronenschale und der Speisestärke mischen.

03. Etwa zwei Drittel der Streusel in die Form füllen und gleichmäßig andrücken, dabei einen kleinen Rand formen. Den Rhabarber darauf verteilen und mit den restlichen Streuseln bedecken. Im Ofen auf der mittleren Schiene etwa 45 Minuten goldbraun backen. Den Rhabarberkuchen herausnehmen, auskühlen lassen und in Stücke geschnitten servieren.

ZWETSCHGENDATSCHI
MIT ZIMTZUCKER

ZUTATEN FÜR 1 BACKBLECH (CA. 30 × 40 CM)

FÜR DEN TEIG:

+ **1 Würfel Hefe (42 g)**
+ **80 g Zucker**
+ **ca. 150 ml lauwarmer Sojadrink**
+ **500 g Mehl**
+ **Salz**
+ **abgeriebene Schale von 1 Bio-Zitrone**
+ **100 g Margarine**

FÜR DEN BELAG:

+ **2 kg Zwetschgen**
+ **2 EL Zucker**
+ **½ TL Zimt**

AUSSERDEM:

+ **Margarine und Mehl für das Blech**
+ **Mehl für die Arbeitsfläche**
+ **150 g aufschlagbare Pflanzensahne**
+ **Sahnesteif nach Bedarf**

ZUBEREITUNG

01. Für den Teig die Hefe und 1 EL Zucker in 4 bis 5 EL lauwarmem Sojadrink auflösen. Das Mehl in eine Schüssel sieben und in die Mitte eine Mulde drücken. Die Hefemischung dazugeben und mit etwas Mehl zu einem Vorteig verrühren. Zugedeckt an einem warmen Ort etwa 15 Minuten gehen lassen. Anschließend restlichen Sojadrink, 1 Prise Salz, Zitronenschale, restlichen Zucker und Margarine hinzufügen. Alles zu einem glatten, geschmeidigen Teig verkneten, der sich vom Schüsselrand löst. Falls nötig, noch etwas Sojadrink oder Mehl hinzufügen. Zugedeckt an einem warmen Ort etwa 30 Minuten gehen lassen.

02. Den Backofen auf 200 °C vorheizen. Ein Backblech einfetten und mit Mehl bestäuben. Den Teig nochmals kräftig durchkneten und auf der bemehlten Arbeitsfläche in Größe des Backblechs ausrollen. Den Teig auf das Blech legen, dabei einen kleinen Rand formen. Den Teig an einem warmen Ort nochmals etwa 15 Minuten gehen lassen.

03. Für den Belag die Zwetschgen waschen, halbieren und entsteinen. Jede Zwetschgenhälfte längs etwa bis zur Mitte einschneiden. Die Zwetschgen mit den Schnittflächen nach oben dachziegelartig auf den Teigboden legen. Den Zucker mit dem Zimt mischen und den Kuchen damit bestreuen. Im Ofen auf der mittleren Schiene 30 bis 40 Minuten goldbraun backen.

04. Die Pflanzensahne nach Bedarf mit Sahnesteif steif schlagen. Den Zwetschgendatschi aus dem Ofen nehmen und noch lauwarm oder kalt in Stücke geschnitten und mit 1 Klecks Pflanzensahne servieren.

ZWETSCHGENKUCHEN
MIT VANILLE

ZUTATEN FÜR 1 SPRINGFORM (26 CM Ø)

- 1 kg Zwetschgen
- 3 EL Ei-Ersatzpulver
- vegane Butter für die Form
- 250 g vegane Butter
- 200 g Zucker
- Salz
- 1 Vanilleschote
- 500 g Mehl
- 3–4 TL Backpulver
- ca. 125 ml Reisdrink

ZUBEREITUNG

01. Die Zwetschgen waschen, halbieren und entsteinen. Das Ei-Ersatzpulver nach Packungsanweisung mit etwa 80 ml Wasser anrühren und quellen lassen.

02. Den Backofen auf 180 °C (Umluft) vorheizen. Eine Springform einfetten. Die Butter mit dem Zucker und 1 Prise Salz schaumig rühren. Die Vanilleschote längs aufschneiden, das Mark mit einem spitzen Messer herauskratzen und dazugeben. Weiterrühren, dabei nach und nach den Ei-Ersatz dazugeben und alles schaumig aufschlagen.

03. Mehl und Backpulver mischen, mit dem Reisdrink zu der Schaummasse geben und zu einem festen Teig verarbeiten. Die Hälfte des Teigs in die Form geben und die Hälfte der Zwetschgen mit den Schnittflächen nach oben darauf verteilen. Den restlichen Teig darauf verstreichen und mit den übrigen Zwetschgen belegen. Den Kuchen im Ofen auf der mittleren Schiene etwa 50 Minuten backen. Falls der Kuchen zu stark bräunt, mit Alufolie abdecken.

04. Den Zwetschgenkuchen aus dem Ofen nehmen und 10 Minuten ruhen lassen, dann den Springformrand lösen und den Kuchen auf einem Kuchengitter auskühlen lassen.

APFELKUCHEN
MIT PUDERZUCKER

ZUTATEN FÜR 1 SPRINGFORM (26 CM Ø)

- 3 EL Ei-Ersatzpulver
- 250 g Margarine
- 175 g Zucker
- Salz
- 1 Päckchen Vanillezucker
- 350 g Dinkelmehl
- ¾ Päckchen Backpulver
- ca. 80 ml Kokosmilch
- 3–4 Äpfel
- 2–3 EL Puderzucker zum Bestäuben

ZUBEREITUNG

01. Den Backofen auf 200 °C vorheizen. Den Boden einer Springform mit Backpapier auslegen. Das Ei-Ersatzpulver nach Packungsanweisung mit etwa 80 ml Wasser anrühren und quellen lassen.

02. Die Margarine mit dem Zucker, 1 Prise Salz und Vanillezucker schaumig rühren. Nach und nach den Ei-Ersatz dazugeben und alles schaumig aufschlagen. Das Mehl und das Backpulver mischen, mit der Kokosmilch zu der Schaummasse geben und zu einem festen Teig verarbeiten. Den Teig in die Form geben und glatt streichen.

03. Die Äpfel vierteln, schälen und entkernen. Die Viertel halbieren und die Stücke an der breitesten Seite mehrfach einritzen. Die Äpfel auf dem Teig verteilen und leicht hineindrücken. Den Kuchen im Ofen auf der mittleren Schiene etwa 45 Minuten backen. Falls der Kuchen zu stark bräunt, mit Alufolie abdecken. Die Stäbchenprobe machen (siehe S. 6).

04. Den Kuchen aus dem Ofen nehmen, sofort mit Puderzucker bestäuben, dann 10 Minuten ruhen lassen und anschließend den Springformrand lösen. Den Apfelkuchen auf einem Kuchengitter auskühlen lassen.

ZITRONENTARTE
MIT PUDERZUCKER UND MELISSE

ZUBEREITUNG

01. Für den Teig die Butter mit Apfelmus, 1 Prise Salz und Zimt in einer Schüssel verrühren. Das Mehl und den Zucker darüberstreuen und alles mit den Fingern zu Krümeln verreiben. Auf der bemehlten Arbeitsfläche mit den Händen zu einem festen Teig verkneten. Zu einer Kugel formen und in Frischhaltefolie gewickelt etwa 1 Stunde kühl stellen.

02. Den Backofen auf 200 °C vorheizen. Eine Tarteform einfetten. Den Teig auf der bemehlten Arbeitsfläche etwa 4 mm dünn ausrollen. Die Form damit auslegen, dabei einen kleinen Rand formen. Den Boden mehrmals mit einer Gabel einstechen. Den Teig mit Backpapier belegen, mit Hülsenfrüchten auffüllen und im Ofen auf der mittleren Schiene etwa 15 Minuten blindbacken. Herausnehmen und das Backpapier mit den Hülsenfrüchten entfernen.

03. Für den Belag die Bio-Zitronen heiß waschen, trocken reiben und die Schale abreiben. Alle Zitronen halbieren und den Saft auspressen (etwa 150 ml). Den Safran im Zitronensaft einweichen. Die Speisestärke mit dem Zucker und der abgeriebenen Zitronenschale mischen, den Zitronensaft durch ein Sieb dazugießen, den Orangensaft dazugeben und alles glatt rühren. Die Sojasahne unterrühren.

04. Die Masse auf den vorgebackenen Boden gießen und im Ofen auf der mittleren Schiene 30 bis 40 Minuten fertig backen. Falls die Tarte zu stark bräunt, mit Alufolie abdecken. Herausnehmen, vollständig auskühlen lassen und in Stücke schneiden. Die Zitronentarte mit Puderzucker bestäubt und mit Melisseblättchen garniert servieren.

ZUTATEN FÜR 1 TARTEFORM (CA. 24 CM Ø)

FÜR DEN TEIG:

- **125 g zimmerwarme vegane Butter**
- **1–2 EL Apfelmus**
- **Salz**
- **1 Msp. Zimtpulver**
- **200 g Dinkelvollkornmehl**
- **75 g Zucker**

FÜR DEN BELAG:

- **4–5 Zitronen, davon 2 Bio-Zitronen**
- **einige Safranfäden**
- **50 g Speisestärke**
- **125 g Zucker**
- **100 ml Orangensaft**
- **250 g Sojasahne**

AUSSERDEM:

- **Mehl für die Arbeitsfläche**
- **vegane Butter für die Form**
- **getrocknete Hülsenfrüchte zum Blindbacken**
- **Puderzucker zum Bestäuben**
- **Melisseblättchen zum Garnieren**

ERDBEERTARTE
MIT VANILLECREME

ZUBEREITUNG

01. Für den Teig das Mehl mit dem Zucker, 1 Prise Salz und der Zitronenschale mischen und auf die Arbeitsfläche häufen. Die Butter in Würfeln darauf verteilen. Alles mit einer Teigkarte oder einem großen Messer durchhacken, dann rasch zu einem festen Teig verkneten. Den Teig zu einer Kugel formen und in Frischhaltefolie gewickelt etwa 1 Stunde kühl stellen.

02. Den Backofen auf 180 °C vorheizen. Eine Tarteform einfetten. Den Teig auf der bemehlten Arbeitsfläche etwas größer als die Form ausrollen. In die Form legen, dabei einen Rand formen. Den Teig mit Backpapier belegen, mit Hülsenfrüchten auffüllen und im Ofen auf der mittleren Schiene 25 bis 30 Minuten blindbacken. Herausnehmen und das Backpapier mit den Hülsenfrüchten entfernen. Den Tarteboden in der Form abkühlen lassen. Dann herausnehmen und auf ein Kuchengitter oder eine Platte legen und vollständig auskühlen lassen.

03. Für die Creme die Vanilleschote längs aufschneiden und das Mark mit einem spitzen Messer herauskratzen. Vanillemark, Seidentofu, Vanillezucker, Sirup und Limettensaft pürieren. Die Pflanzensahne nach Bedarf mit Sahnesteif steif schlagen und unterziehen.

04. Für den Belag die Erdbeeren waschen und putzen. Die Creme auf den Tarteboden geben und glatt streichen. Die Erdbeeren auf die Creme setzen und die Erdbeertarte servieren.

ZUTATEN FÜR 1 TARTEFORM (CA. 15 × 30 CM)

FÜR DEN TEIG:

+ **250 g Mehl**
+ **50 g Zucker**
+ **Salz**
+ **1 Msp. abgeriebene Bio-Zitronenschale**
+ **125 g vegane Butter**

FÜR DIE CREME UND DEN BELAG:

+ **1 Vanilleschote**
+ **200 g Seidentofu**
+ **2 EL Vanillezucker**
+ **2–3 EL Vanille- oder Kokossirup**
+ **1–2 EL Limettensaft**
+ **200 g aufschlagbare Pflanzensahne**
+ **Sahnesteif nach Bedarf**
+ **400–500 g Erdbeeren**

AUSSERDEM:

+ **vegane Butter für die Form**
+ **Mehl für die Arbeitsfläche**
+ **getrocknete Hülsenfrüchte zum Blindbacken**

APRIKOSEN-TARTE-TATIN
MIT BLÄTTERTEIG

ZUTATEN FÜR 1 TARTE-FORM (24 CM Ø)

- **8–10 Aprikosen**
- **80–90 g vegane Butter**
- **150 g Zucker**
- **200 g veganer Blätterteig (aus dem Kühlregal)**

ZUBEREITUNG

01. Die Aprikosen waschen, halbieren und entsteinen. Eine Tarteform mit 60 g Butter einfetten. Auf die Butter eine dicke Schicht Zucker (etwa 80 g) streuen und die Aprikosen mit den Schnittflächen nach oben nebeneinander daraufsetzen.

02. Die Tarteform auf dem Herd etwa 10 Minuten bei mittlerer Hitze heiß werden lassen und vom Herd nehmen, wenn der Zucker zu karamellisieren beginnt. Kurz abkühlen lassen, dann den restlichen Zucker aufstreuen und den Rest der Butter in Flöckchen darauf verteilen.

03. Den Backofen auf 200 °C vorheizen. Den Blätterteig ausbreiten und etwas größer als die Form zurechtschneiden. Den Teig auf die Aprikosen legen und an den Rändern nach unten in die Form drücken. Im Ofen etwa 30 Minuten backen.

04. Die Aprikosen-Tarte-Tatin herausnehmen, etwas abkühlen lassen, vorsichtig stürzen und lauwarm oder ausgekühlt servieren. Zu der Aprikosen-Tarte-Tatin nach Belieben vegane Schlagsahne servieren.

TIPP – ***Achten Sie darauf, dass die Tarteform für den Gebrauch auf dem Herd geeignet ist. Tarteformen aus Aluguss sind hitzebeständig genug, Porzellanformen können jedoch springen, wenn man sie auf den Herd stellt. Alternativ verwenden Sie eine Pfanne und füllen die Aprikosen vor dem Backen in eine Tarteform um.***

02

FESTLICH & FEIN

RÜBLIKUCHEN
MIT ZUCKERGUSS

ZUBEREITUNG

01. Den Backofen auf 200 °C vorheizen. Eine Springform mit Backpapier auslegen. Das Ei-Ersatzpulver nach Packungsanweisung mit etwa 120 ml Wasser anrühren und quellen lassen.

02. Die Möhren putzen, schälen und auf der Küchenreibe fein raspeln. Das Öl mit 1 Prise Salz, Zucker, Zitronenschale und Ei-Ersatz schaumig schlagen. Das Mehl mit dem Backpulver vermischen und mit den Mandeln und den Möhrenraspeln unter die Schaummasse ziehen.

03. Den Teig in die Form füllen und im Ofen auf der mittleren Schiene etwa 45 Minuten backen. Die Stäbchenprobe machen: Wenn an einem hineingestochenen Holzstäbchen kein Teig mehr kleben bleibt, ist der Kuchen fertig. Den Kuchen herausnehmen, in der Form auskühlen und über Nacht ruhen lassen.

04. Den Kuchen am nächsten Tag aus der Form lösen, wenden und mit der glatten Seite nach oben auf eine Kuchenplatte setzen.

05. Für die Glasur den Puderzucker mit Zitronensaft und gegebenenfalls mit wenig Wasser dickflüssig anrühren. Das Aprikosengelee erhitzen, den Kuchen damit rundherum bestreichen und abkühlen lassen. Die Zuckerglasur auf dem Kuchen verstreichen.

06. Für die Marzipanmöhren das Marzipan mit dem Puderzucker verkneten. Für die Blätter etwa ein Fünftel des Marzipans abnehmen und einige Tropfen grüne Lebensmittelfarbe einarbeiten. Unter das restliche Marzipan für die Möhren etwas rote und gelbe Lebensmittelfarbe einarbeiten, bis eine orange Färbung erreicht ist. Aus dem Marzipan kleine Möhren inklusive Blätter formen. Die Rüblitorte mit den Marzipanmöhrchen garniert servieren.

ZUTATEN FÜR 1 SPRINGFORM (24 CM Ø)

FÜR DEN TEIG:

+ **4 EL Ei-Ersatzpulver**
+ **250 g Möhren**
+ **125 ml Rapsöl**
+ **Salz**
+ **225 g Zucker**
+ **1–2 TL abgeriebene Bio-Zitronenschale**
+ **175 g Dinkelmehl**
+ **2 TL Backpulver**
+ **250 g gemahlene Mandeln**

FÜR DIE GLASUR:

+ **250 g Puderzucker**
+ **1–2 EL Zitronensaft**
+ **150 g Aprikosengelee**

FÜR DIE MARZIPANMÖHREN:

+ **120 g Marzipanrohmasse**
+ **60 g Puderzucker**
+ **grüne, rote und gelbe Lebensmittelfarbe**

SCHOKOLADEN-KAFFEE-TARTE
MIT KIRSCHEN

ZUTATEN FÜR 1 TARTEFORM (26 CM Ø)

FÜR DEN TEIG:

+ **200 g Mehl • 120 g vegane Butter**
+ **60 g Zucker • 2 EL kalter Mandeldrink**

FÜR DEN BELAG:

+ **100 ml Mandeldrink**
+ **100 ml frisch aufgebrühter Kaffee**
+ **400 g vegane Zartbitterschokolade (60 % Kakaoanteil)**
+ **100 g eiskalte vegane Butter**
+ **2 EL Cognac • 125 g Kirschen**

AUSSERDEM:

+ **vegane Butter für die Form • getrocknete Hülsenfrüchte zum Blindbacken**

ZUBEREITUNG

01. Für den Teig das Mehl mit der Butter in Würfeln, dem Zucker und dem Mandeldrink rasch zu einem glatten Teig verkneten. Den Teig zu einer Kugel formen und in Frischhaltefolie gewickelt etwa 30 Minuten kühl stellen.

02. Den Backofen auf 200 °C vorheizen. Die Tarteform einfetten. Den Teig zwischen zwei Lagen Backpapier dünn ausrollen und in die Form legen, dabei einen Rand formen. Den Teig mit Backpapier belegen, mit Hülsenfrüchten auffüllen und im Ofen 25 bis 30 Minuten blindbacken. Herausnehmen und das Backpapier mit den Hülsenfrüchten entfernen. Den Tarteboden auskühlen lassen.

03. Für den Belag den Mandeldrink mit dem Kaffee mischen und erhitzen. Die Schokolade grob hacken und in eine Schüssel geben. Die Kaffee-Mandeldrink-Mischung darübergießen. Mit einem Teigschaber vorsichtig rühren, bis die Schokolade geschmolzen ist. Die Butter dazugeben und unterrühren. Zuletzt den Cognac unterziehen. Die Schokoladen-Kaffee-Masse auf den Tarteboden geben, glatt streichen und im Kühlschrank mindestens 3½ Stunden fest werden lassen.

04. Die Kirschen waschen und abtropfen lassen. Die Schokoladen-Kaffee-Tarte mit den Kirschen garniert servieren.

SCHOKOLADENTORTE
MIT GLASUR

ZUTATEN FÜR 1 SPRINGFORM (24 CM Ø)

- 225 g vegane Zartbitterschokolade
- 200 g Zucker
- 100 g feiner brauner Zucker
- 1 EL Vanillezucker
- 200 g Mehl
- 50 g Speisestärke
- 60 g Kakaopulver
- 3 TL Backpulver
- 150 ml Rapsöl
- 200 ml Reisdrink
- 15 g Kokosfett

ZUBEREITUNG

01. Den Backofen auf 180 °C vorheizen. Den Boden einer Springform mit Backpapier auslegen. 100 g Schokolade fein raspeln. Zucker, braunen Zucker, Vanillezucker, Mehl, Speisestärke, Kakao und Backpulver in einer Schüssel mischen.

02. Das Öl mit dem Reisdrink in einer zweiten Schüssel verrühren, dann die trockenen Zutaten dazugeben und gut unterrühren. Noch so viel Wasser (bis zu etwa 80 ml) unterrühren, bis der Teig geschmeidig, aber auf keinen Fall zu flüssig wird. Die geraspelte Schokolade unterziehen.

03. Den Teig in die Form füllen und glatt streichen. Im Ofen auf der mittleren Schiene etwa 45 Minuten backen. Falls der Kuchen zu stark bräunt, eventuell mit Alufolie abdecken. Die Stäbchenprobe machen: Wenn an einem hineingestochenen Holzstäbchen kein Teig mehr kleben bleibt, ist der Kuchen fertig. Herausnehmen und abkühlen lassen.

04. Die restliche Schokolade hacken und zusammen mit dem Kokosfett im heißen Wasserbad schmelzen. Den Schokoladenkuchen mit der Glasur überziehen, diese vollständig trocknen lassen und servieren.

RÜHRKUCHEN
MIT KARAMELLGLASUR

ZUTATEN FÜR 1 SPRINGFORM (24 CM Ø)

FÜR DEN TEIG:

- **180 g vegane Butter**
- **200 g Zucker**
- **60 g Reismehl**
- **50 ml Mineralwasser (mit Kohlensäure)**
- **200 g Dinkelmehl**
- **50 g blanchierte, gemahlene Mandeln**
- **2 TL Weinsteinbackpulver**
- **4 EL Apfelmus**

FÜR DIE GLASUR:

- **50 g vegane weiße Schokolade**
- **200 g Zucker**
- **100 g vegane Butter**
- **250 g Sojasahne**
- **2 EL gehackte Haselnüsse**

ZUBEREITUNG

01. Den Backofen auf 180 °C vorheizen. Den Boden einer Springform mit Backpapier auslegen. Für den Teig die Butter und den Zucker schaumig schlagen. Das Reismehl und Mineralwasser unterrühren. Das Dinkelmehl mit den Mandeln und dem Backpulver mischen und abwechselnd mit dem Apfelmus rasch unter den Teig rühren.

02. Den Teig in die Form füllen, glatt streichen und im Ofen auf der mittleren Schiene 15 Minuten backen. Dann mit Alufolie abdecken, um zu starkes Bräunen zu verhindern. Nochmals etwa 30 Minuten backen. Die Stäbchenprobe machen: Wenn an einem hineingestochenen Holzstäbchen kein Teig mehr kleben bleibt, ist der Kuchen fertig. Anschließend auskühlen lassen und aus der Form lösen.

03. Für die Glasur die Schokolade fein hacken. Den Zucker mit der Butter in einen Topf geben und goldbraun karamellisieren. Mit der Sojasahne ablöschen und kochen, bis der Karamell sich löst. Vom Herd nehmen, die Schokolade dazugeben und unter Rühren schmelzen. Im kalten Wasserbad unter Rühren abkühlen lassen. Sobald die Glasur beginnt anzuziehen, auf den Kuchen streichen. Den Rührkuchen mit den gehackten Haselnüssen bestreut servieren.

TIPP – *Bei Rührteig sollten Sie darauf achten, alle Zutaten rasch zu verrühren, sobald Sie die Mehl-Backpulver-Mischung hinzugefügt haben. Den Teig dann nicht mehr lange stehen lassen, sondern sofort backen. So kann das Backpulver seine Wirkung während des Backens am besten entfalten und der Teig geht schön auf.*

LINZER TORTE
MIT STERNEN

ZUBEREITUNG

01. Für den Teig Mehl, Zucker, Vanillezucker, Mandeln, Zimt, Kakao und je 1 Prise Nelkenpulver und Salz in einer Schüssel mischen. Auf die Arbeitsfläche häufen, in die Mitte eine Mulde drücken. Den Sojadrink und das Kirschwasser in die Mulde geben und die Margarine in Flöckchen am Rand verteilen. Alles mit einem Messer gut durchhacken oder mit den Fingern zu Krümeln verreiben und anschließend mit den Händen zu einem festen Teig verkneten. Den Teig zu einer Kugel formen und in Frischhaltefolie gewickelt etwa 1 Stunde kühl stellen.

02. Den Backofen auf 180 °C vorheizen. Eine Tarteform einfetten und mit Mehl bestäuben. Den Teig halbieren und eine Hälfte zwischen zwei Lagen Frischhaltefolie oder Backpapier etwa 4 mm dünn ausrollen. Eine Folie abziehen und den Teig in die Form legen. Die zweite Folie ebenso lösen und den Teig in der Form andrücken, dabei einen Rand formen. Den überschüssigen Teig abschneiden. Die zweite Teighälfte zusammen mit den Teigresten ausrollen und daraus unterschiedlich große Sterne ausstechen.

03. Für den Belag die Konfitüre auf dem Kuchenboden verstreichen und dicht mit den Sternen belegen. Den Sojadrink mit 1 Prise Safran oder Kurkuma verrühren und die Sterne sowie den Teigrand damit bestreichen. Im Ofen auf der mittleren Schiene etwa 40 Minuten backen. Die Linzer Torte auskühlen lassen und servieren.

ZUTATEN FÜR 1 TARTEFORM (CA. 26 CM Ø)

FÜR DEN TEIG:

+ **250 g Mehl**
+ **250 g Zucker**
+ **1 EL Vanillezucker**
+ **250 g gemahlene Mandeln**
+ **1–2 TL Zimtpulver**
+ **1 TL Kakaopulver**
+ **Nelkenpulver**
+ **Salz**
+ **2 EL Sojadrink**
+ **2 cl Kirschwasser**
+ **250 g sehr kalte Margarine**

FÜR DEN BELAG:

+ **200–250 g rote Konfitüre (z. B. Himbeer-, Johannisbeer-, Kirschkonfitüre)**
+ **2–3 EL Sojadrink**
+ **gemahlener Safran oder Kurkuma**

AUSSERDEM:

+ **weiche Margarine und Mehl für die Form**

TIPP — *Falls noch Teig übrig ist, können Sie weitere Sterne ausstechen und ebenso mit dem aromatisierten Sojadrink bestreichen. Die Plätzchen auf ein mit Backpapier belegtes Backblech legen, im Ofen auf der mittleren Schiene 10 bis 15 Minuten backen.*

MARACUJA-MILCHREIS-TARTE
MIT KARAMELLKRUSTE

ZUBEREITUNG

01. Für den Teig Mehl, Puderzucker, Zitronenschale, Vanillezucker, Kokosmilch und 1 Prise Salz mischen. Die vegane Butter in Würfeln dazugeben und alles rasch zu einem festen Teig verkneten. Zu einer Kugel formen und in Frischhaltefolie gewickelt etwa 30 Minuten kühl stellen.

02. Den Teig auf der bemehlten Arbeitsfläche dünn ausrollen. Die Tarteform damit auslegen. Nochmals 15 Minuten kühl stellen. Den Backofen auf 180 °C (Umluft) vorheizen.

03. Den Teig mit Backpapier belegen, mit Hülsenfrüchten auffüllen und im Ofen auf der mittleren Schiene 15 bis 20 Minuten blindbacken. Herausnehmen und das Backpapier mit den Hülsenfrüchten entfernen. Die Konfitüre erhitzen, den Teigboden damit bestreichen.

04. Für den Belag die vegane Butter in einem Topf erhitzen und den Reis darin andünsten. Maracujamark und Kokosmilch verrühren. Den Reis mit einem Drittel der Flüssigkeit ablöschen. Unter Rühren etwas einkochen lassen. Zucker und Vanillemark hinzufügen. Nach und nach die restliche Flüssigkeit unterrühren und den Reis etwa 30 Minuten köcheln lassen, regelmäßig umrühren. Falls nötig, noch etwas Wasser hinzufügen. Vom Herd nehmen und den Milchreis etwas abkühlen lassen. Den Backofen auf 150 °C (Umluft) vorheizen.

05. Das Ei-Ersatzpulver nach Packungsanweisung mit etwa 50 ml Wasser verrühren und quellen lassen. Den Seidentofu und den Ei-Ersatz unter den Reis rühren. Auf dem Teigboden verteilen und glatt streichen. Die Tarte im Ofen auf der mittleren Schiene 20 bis 25 Minuten backen.

06. Die Maracuja-Milchreis-Tarte aus dem Ofen nehmen. Den Zucker auf die Tarte streuen und mit dem Flambierbrenner karamellisieren. Leicht abkühlen lassen.

ZUTATEN FÜR 1 TARTEFORM (CA. 24 CM Ø)

FÜR DEN TEIG:

+ **250 g Weizenmehl**
+ **100 g Puderzucker**
+ **1 TL abgeriebene Bio-Zitronenschale**
+ **1 Päckchen Vanillezucker**
+ **2 EL Kokosmilch**
+ **Salz**
+ **130 g kalte vegane Butter**

FÜR DEN BELAG:

+ **1 EL vegane Butter**
+ **150 g Rundkornreis (z. B. Risottoreis)**
+ **300 g Maracujamark oder 200 ml Maracujasaft**
+ **300 ml Kokosmilch**
+ **120 g Zucker**
+ **Mark von 1 Vanilleschote**
+ **2 EL Ei-Ersatzpulver**
+ **200 g Seidentofu**
+ **2 EL brauner Zucker**

AUSSERDEM:

+ **Mehl für die Arbeitsfläche**
+ **getrocknete Hülsenfrüchte zum Blindbacken**
+ **50 g Aprikosenkonfitüre**

ZITRONENKUCHEN
MIT ZUCKERGUSS

ZUTATEN FÜR 1 SPRINGFORM (24 CM Ø)

FÜR DEN TEIG:

+ **3 EL Ei-Ersatzpulver**
+ **2 Bio-Zitronen**
+ **200 g Mehl**
+ **50 g Speisestärke**
+ **1 TL Backpulver**
+ **125 ml Rapsöl**
+ **125 g Zucker**

ZUM GARNIEREN:

+ **100 g Puderzucker**
+ **1–2 EL Zitronensaft**

ZUBEREITUNG

01. Den Backofen auf 180 °C vorheizen. Den Boden einer Springform mit Backpapier auslegen. Für den Teig das Ei-Ersatzpulver mit 90 ml Wasser verrühren und quellen lassen.

02. Die Zitronen heiß waschen, trocken reiben und die Schale abreiben. Die Zitronen halbieren und auspressen. Das Mehl mit der Speisestärke und dem Backpulver mischen und in eine Schüssel sieben. Öl, Zucker, Zitronenschale und -saft sowie Ei-Ersatz verrühren. Die Mehlmischung unter die Creme rühren, bis ein geschmeidiger Teig entstanden ist.

03. Den Teig in die Form füllen und glatt streichen. Im Ofen auf der mittleren Schiene 45 bis 50 Minuten goldbraun backen. Die Stäbchenprobe machen: Wenn an einem hineingestochenen Holzstäbchen kein Teig mehr kleben bleibt, ist der Kuchen fertig. Den Kuchen aus dem Ofen nehmen, einige Minuten ruhen lassen, dann den Springformrand lösen und den Kuchen auskühlen lassen.

04. Den Puderzucker mit Zitronensaft glatt rühren und gegebenenfalls so viel Wasser dazugeben, bis eine dickflüssige Konsistenz entsteht. Den Zuckerguss über den Zitronenkuchen träufeln und fest werden lassen.

BEEREN-KÄSEKUCHEN
OHNE BACKEN

ZUTATEN FÜR 1 SPRINGFORM (24 CM Ø)

FÜR DEN BELAG:

+ **1,5 kg Sojaghurt (natur)**
+ **14 g Agar-Agar**
+ **120 g Zucker**
+ **2 EL Zitronensaft**
+ **4 EL Vanillezucker**
+ **400 g vegane Sprühsahne**
+ **150 g gemischte Beeren (tiefgekühlt)**

FÜR DEN KUCHENBODEN:

+ **400 g vegane Schokoladenkekse**
+ **160 g zerlassene Margarine**

ZUBEREITUNG

01. Für den Belag 1 kg Sojaghurt über Nacht in einem mit einem Küchentuch ausgelegten Sieb im Kühlschrank abtropfen lassen.

02. Für den Kuchenboden die Kekse in einen Gefrierbeutel füllen und mit dem Nudelholz fein zerbröseln. Oder die Kekse mit dem Blitzhacker zu feinen Krümeln mahlen. Die Kekskrümel mit der Margarine vermischen. Eine Springform mit Backpapier auslegen und die Keksmischung auf dem Boden der Form verteilen. Mit einem Löffel gleichmäßig andrücken. Die Form in den Kühlschrank stellen.

03. Den restlichen Sojaghurt in einen Topf geben und das Agar-Agar einrühren. Unter Rühren aufkochen und etwa 1 Minute vorsichtig köcheln lassen. Vom Herd nehmen und abkühlen lassen. Den abgetropften Sojaghurt mit Zucker, Zitronensaft und Vanillezucker verrühren. Die Agar-Agar-Mischung unterrühren und die vegane Sahne unterheben. Auf dem Keksboden verteilen und glatt streichen.

04. Die Beeren in einen Gefrierbeutel füllen und mit dem Nudelholz grob zerbröseln. Über den Kuchen streuen und mit einem Löffel leicht unterheben. Den Beeren-Käsekuchen zugedeckt mindestens 6 Stunden kühl stellen.

MANGOTARTE
MIT LIMETTENGELEE

ZUBEREITUNG

01. Für den Teig das Mehl mit dem Zucker, Vanillezucker und 1 Prise Salz mischen, auf die Arbeitsfläche häufen und in die Mitte eine Mulde drücken. Das Apfelmus in die Mulde geben und die Butter in Würfeln am Rand verteilen. Alles mit den Händen rasch zu einem glatten Teig verkneten. Den Teig zu einer Kugel formen und in Frischhaltefolie gewickelt 30 Minuten kühl stellen.

02. Den Backofen auf 180 °C vorheizen. Eine Tarteform einfetten. Den Teig auf der bemehlten Arbeitsfläche etwas größer als die Form ausrollen und die Tarteform damit auslegen. Den Teig mit Backpapier belegen, mit Hülsenfrüchten auffüllen und im Ofen auf der mittleren Schiene etwa 25 Minuten blindbacken. Herausnehmen und das Backpapier mit den Hülsenfrüchten entfernen. Den Tarteboden auskühlen lassen.

03. Inzwischen die Mangos schälen, das Fruchtfleisch auf der flachen Seite vom Stein schneiden und in schmale Spalten schneiden. Das Limettengelee in einem Topf erwärmen. Den Tarteboden auf eine Platte setzen, sternförmig mit Mangospalten belegen und das Gelee darauf verstreichen. Die Mangotarte mit den Limettenzesten bestreuen und das Gelee fest werden lassen.

TIPP – *Achten Sie beim Einkauf der Mangos darauf, dass diese weder zu fest noch zu weich sind. Reife Früchte erkennen Sie daran, dass sie bei Fingerdruck etwas nachgeben. Sie duften zudem angenehm süßlich.*

ZUTATEN FÜR 1 TARTEFORM (26 CM Ø)

FÜR DEN TEIG:

+ **250 g Mehl**
+ **100 g Zucker**
+ **1 EL Vanillezucker**
+ **Salz**
+ **1–2 EL Apfelmus**
+ **150 g vegane Butter**

FÜR DEN BELAG:

+ **4–5 reife Mangos**
+ **150 g Limettengelee (ersatzweise Zitronengelee)**
+ **1 TL Bio-Limettenzesten**

AUSSERDEM:

+ **vegane Butter für die Form**
+ **Mehl für die Arbeitsfläche**
+ **getrocknete Hülsenfrüchte zum Blindbacken**

MANGO-KOKOS-TORTE
MIT ERDBEEREN

ZUBEREITUNG

01. Den Backofen auf 200 °C vorheizen. Eine Form einfetten und mit Kokosraspeln ausstreuen. Für den Teig die Nüsse mahlen. Die Butter mit dem Zucker, dem Vanillezucker und 1 Prise Salz cremig rühren. Das Marzipan mit einer Gabel zerdrücken und mit dem Orangensaft und -schale glatt rühren. Unter die Buttermasse rühren und nach und nach das Apfelmus dazugeben. Das Mehl mit Backpulver und Kakao mischen, sieben, dazugeben und unterrühren. Die Kokosraspel und Nüsse unterziehen.

02. Den Teig in die Form füllen. Im Ofen auf der mittleren Schiene 25 bis 30 Minuten backen.

03. Für den Belag die Kokosmilch mit dem Agar-Agar verrühren, unter Rühren aufkochen und 1 bis 2 Minuten leicht köcheln lassen. Vom Herd nehmen und lauwarm abkühlen lassen. Dann mit dem Mangopüree und Limettensaft verrühren und mit Puderzucker abschmecken. Die Sojasahne nach Bedarf mit Sahnesteif steif schlagen und unterziehen.

04. Den Kuchenboden auf eine Tortenplatte legen und mit einem Tortenring umschließen. Die Erdbeeren waschen, putzen und trocken tupfen. Die Früchte längs halbieren und mit der Schnittfläche an den Rand des Kuchenbodens stellen. Die Mango-Kokos-Creme vorsichtig darübergeben, glatt streichen und im Kühlschrank etwa 4 Stunden fest werden lassen.

05. Zum Verzieren die Erdbeeren waschen, putzen und trocken tupfen. Eine Erdbeere in kleine Stücke schneiden, die restlichen in dünne Scheiben schneiden. Die Sojasahne nach Bedarf mit Sahnesteif steif schlagen, in einen Spritzbeutel mit Sterntülle füllen und Tupfen auf die Torte spritzen. Je ein Erdbeerstück in die Sahnetupfer stecken. Die Erdbeerscheiben mittig auf die Torte legen.

ZUTATEN FÜR 1 SPRINGFORM (24 CM Ø)

FÜR DEN TEIG:

+ **50 g ungesalzene Macadamianüsse • 125 g vegane Butter**
+ **100 g Zucker**
+ **1 EL Vanillezucker • Salz**
+ **50 g Marzipanrohmasse**
+ **Saft und abgeriebene Schale von 1 Bio-Orange**
+ **4–5 EL Apfelmus**
+ **175 g Mehl • 1–2 TL Backpulver**
+ **1 TL Kakaopulver**
+ **100 g Kokosraspel**

FÜR DEN BELAG:

+ **250 ml Kokosmilch**
+ **3 TL Agar-Agar**
+ **250 g Mangopüree**
+ **2–3 EL Limettensaft**
+ **ca. 50 g Puderzucker**
+ **200 g aufschlagbare Sojasahne**
+ **Sahnesteif nach Bedarf**
+ **ca. 200 g Erdbeeren**

ZUM VERZIEREN:

+ **3–4 Erdbeeren**
+ **125 g aufschlagbare Sojasahne**
+ **Sahnesteif nach Bedarf**

AUSSERDEM:

+ **vegane Butter und Kokosraspel für die Form**

BANANEN-ANANAS-TORTE
MIT PEKANNÜSSEN

ZUBEREITUNG

01. Die Schokolade grob hacken. Die Butter in einem Topf zerlassen und die Schokolade unter Rühren darin schmelzen. Die Mischung auskühlen lassen.

02. Den Backofen auf 180 °C vorheizen. Den Boden einer Springform mit Backpapier auslegen. Das Mehl mit Backpulver, Natron, Nüssen, 1 Prise Salz und Vanillemark in einer Schüssel mischen. Die Ananas fein hacken. Die Banane mit dem Zitronensaft und dem Apfelessig fein pürieren. Den Sojaghurt mit dem Zucker in einer weiteren Schüssel verrühren. Die Schokobutter und das Bananenmus unterrühren. Die Mehlmischung und die Ananasstücke zügig unterrühren.

03. Den Teig in die Form geben und im Ofen auf der mittleren Schiene etwa 45 Minuten backen. Die Stäbchenprobe machen: Wenn an einem hineingestochenen Holzstäbchen kein Teig mehr kleben bleibt, ist der Kuchen fertig. Herausnehmen, kurz abkühlen lassen, dann den Springformrand lösen und den Kuchen vollständig auskühlen lassen.

04. Den Kuchen zweimal waagerecht durchschneiden, sodass 3 Böden entstehen. Die Pflanzensahne nach Bedarf mit Sahnesteif und mit dem Vanillezucker steif schlagen. Jeweils ein Drittel der Pflanzensahne auf einen Boden streichen und alle Böden wieder aufeinandersetzen. Die Bananen-Ananas-Torte mit Pekannusshälften garniert servieren.

ZUTATEN FÜR 1 SPRINGFORM (20 CM Ø)

+ **100 g vegane weiße Schokolade**
+ **125 g vegane Butter**
+ **250 g Mehl**
+ **2 TL Backpulver**
+ **2 TL Natron**
+ **100 g gemahlene Pekannüsse**
+ **Salz**
+ **1 Msp. Vanillemark**
+ **50 g kandierte Ananas**
+ **1 große Banane**
+ **1–2 EL Zitronensaft**
+ **2 ½ EL Apfelessig**
+ **100 g Sojaghurt**
+ **100 g Zucker**
+ **150–200 g aufschlagbare Pflanzensahne**
+ **Sahnesteif nach Bedarf**
+ **1 EL Vanillezucker**
+ **Pekannusshälften zum Garnieren**

TIPP – *Die Pekannüsse am besten frisch im Blitzhacker oder der Nussmühle mahlen. Wer keine Pekannüsse bekommt, kann auch gemahlene Walnüsse, Mandeln oder Haselnüsse verwenden.*

MOHNTORTE
MIT KOKOSMOUSSE

ZUBEREITUNG

01. Den Backofen auf 180 °C vorheizen. Eine Springform einfetten und mit Mehl bestäuben. Für den Teig das Ei-Ersatzpulver nach Packungsanweisung mit etwa 120 ml Wasser anrühren und quellen lassen. Den Reisdrink erwärmen und den Mohn einrühren. Vom Herd nehmen und etwa 10 Minuten ziehen lassen. Die Orange heiß waschen, trocken reiben und die Schale abreiben. Die Orange halbieren und auspressen.

02. Das Mehl mit der Speisestärke, dem Kakao und dem Backpulver mischen und in eine Schüssel sieben. Die Mandeln mit der Orangenschale mischen.

03. Die Mohn-Reisdrink-Mischung in eine Schüssel geben und Öl, Zucker, Vanillezucker und Ei-Ersatz unterrühren. Die Mehl- und Mandelmischung hinzufügen und alles rasch zu einem luftigen Teig verrühren. In die Form füllen, glatt streichen und im Ofen auf der mittleren Schiene etwa 45 Minuten backen. Die Stäbchenprobe machen (siehe S. 6). Herausnehmen, kurz abkühlen lassen, dann auf ein Kuchengitter stürzen und vollständig auskühlen lassen.

04. Für die Mousse die Kokosmilch erhitzen, den Vanillezucker darin auflösen, das Agar-Agar nach Packungsanweisung einrühren und bei schwacher Hitze 1 bis 2 Minuten unter gelegentlichem Rühren köcheln lassen. Im kalten Wasserbad vollständig auskühlen lassen. Die Sojasahne nach Bedarf mit Sahnesteif steif schlagen und unterheben.

05. Den Kuchenboden mit einem Tortenring umschließen. Die Creme einfüllen, glatt streichen und im Kühlschrank etwa 4 Stunden fest werden lassen. Zum Servieren den Tortenring lösen und die Torte mit Kokosraspeln und Kokoschips bestreuen. Die Mohntorte mit einem scharfen Messer in Stücke schneiden und servieren.

ZUTATEN FÜR 1 SPRINGFORM (24 CM Ø)

FÜR DEN TEIG:

+ **4 EL Ei-Ersatzpulver**
+ **125 ml Reisdrink**
+ **80 g Mohnsamen**
+ **1 große Bio-Orange**
+ **175 g Mehl**
+ **50 g Speisestärke**
+ **1 TL Kakaopulver**
+ **2 TL Backpulver**
+ **100 g gemahlene Mandeln**
+ **125 ml Rapsöl**
+ **175 g Zucker**
+ **2 EL Vanillezucker**

FÜR DIE MOUSSE:

+ **300 ml Kokosmilch**
+ **2–3 EL Vanillezucker**
+ **ca. 10 g Agar-Agar**
+ **500 g aufschlagbare Sojasahne**
+ **Sahnesteif nach Bedarf**

ZUM GARNIEREN:

+ **3–4 EL Kokosraspel**
+ **2–3 EL Kokoschips**

AUSSERDEM:

+ **Margarine und Mehl für die Form**

JOHANNISBEERKUCHEN
MIT ROSENSIRUP

ZUTATEN FÜR 1 BACKFORM (CA. 20 × 30 CM)

+ 4 EL Ei-Ersatzpulver
+ 200 g Rote Johannisbeeren
+ 1 Bio-Zitrone
+ 200 g vegane Butter • 100 g Zucker
+ 100 ml Rosensirup • Salz
+ 1 EL Pistaziencreme
+ 200 g Weizenmehl
+ 200 g Buchweizenmehl
+ 2 TL Backpulver
+ 1 EL Speisestärke
+ ca. 70 ml Reisdrink
+ 150 g Puderzucker
+ 2 EL Zitronensaft

ZUBEREITUNG

01. Den Backofen auf 160 °C (Umluft) vorheizen. Eine Backform mit Backpapier belegen. Das Ei-Ersatzpulver nach Packungsanweisung mit etwa 120 ml Wasser verrühren und quellen lassen.

02. Die Johannisbeeren verlesen, waschen, abtropfen lassen und von den Rispen zupfen. Die Zitrone heiß waschen, trocken reiben und die Schale abreiben. Die Zitrone halbieren und auspressen. Die Butter mit dem Zucker und dem Sirup cremig rühren. Zitronensaft und -schale, 1 Prise Salz und Pistaziencreme unterrühren. Nach und nach unter Rühren den Ei-Ersatz dazugeben. Beide Mehle mit dem Backpulver und der Speisestärke mischen und sieben. Abwechselnd mit dem Reisdrink unter die Buttermischung rühren, bis ein geschmeidiger, schwer reißender Teig entsteht. Ein Drittel der Beeren vorsichtig unterheben.

03. Den Teig in die Form füllen und im Ofen auf der mittleren Schiene etwa 45 Minuten backen. Die Stäbchenprobe machen (siehe S. 6). Aus dem Ofen nehmen und abkühlen lassen. Zum Servieren den Puderzucker mit dem Zitronensaft verrühren und auf den Kuchen streichen. Den Johannisbeerkuchen mit den restlichen Johannisbeeren bestreuen und den Guss trocknen lassen.

SOMMERLICHE TARTE
MIT GEMISCHTEN BEEREN

ZUTATEN FÜR 1 TARTEFORM (24 CM Ø)

- **175 g Mehl • 50 g Zucker**
- **1 EL Vanillezucker • Salz**
- **125 g vegane Butter**
- **kalte vegane Butter für die Form**
- **Mehl für die Arbeitsfläche**
- **getrocknete Hülsenfrüchte zum Blindbacken**
- **250 g Erdbeeren • 100 g Himbeeren**
- **75 g Brombeeren**
- **75 g Rote Johannisbeeren**
- **125 g aufschlagbare Sojasahne**
- **Sahnesteif nach Bedarf**
- **1 TL Vanillezucker**
- **Puderzucker zum Bestäuben**

ZUBEREITUNG

01. Mehl, Zucker, Vanillezucker und 1 Prise Salz mischen und auf die Arbeitsfläche häufen. Butter in Würfeln und 1 bis 2 EL eiskaltes Wasser dazugeben und alles rasch zu einem glatten Teig verkneten. Zu einer Kugel formen und in Frischhaltefolie gewickelt etwa 30 Minuten kühl stellen.

02. Den Backofen auf 180 °C vorheizen. Eine Tarteform einfetten. Den Teig auf der bemehlten Arbeitsfläche etwas größer als die Form ausrollen und die Tarteform damit auslegen, dabei einen Rand formen. Den Teig mit Backpapier belegen, mit Hülsenfrüchten auffüllen und im Ofen auf der mittleren Schiene etwa 25 Minuten goldbraun blindbacken. Herausnehmen und das Backpapier mit den Hülsenfrüchten entfernen. Den Tarteboden abkühlen lassen und vorsichtig aus der Form lösen.

03. Inzwischen die Erdbeeren waschen und putzen. Himbeeren und Brombeeren verlesen, waschen und trocken tupfen. Johannisbeeren verlesen, waschen, abtropfen lassen und von den Rispen zupfen. Die Sojasahne nach Bedarf mit Sahnesteif und mit Vanillezucker steif schlagen. Auf dem Tarteboden verstreichen und mit Puderzucker bestäuben. Die Beeren mischen und hügelartig auf der Sahne verteilen. Die Tarte sofort servieren.

WAFFELTORTE
MIT HIMBEERSAHNE UND BEEREN

ZUBEREITUNG

01. Das Ei-Ersatzpulver nach Packungsanweisung mit etwa 50 ml Wasser verrühren und quellen lassen. Die Butter in einem kleinen Topf zerlassen und wieder abkühlen lassen. Die Butter mit Zucker, Vanillemark und 1 Prise Salz cremig rühren, den Ei-Ersatz unterschlagen, bis eine fluffige Masse entsteht. Das Mehl, den Sojaghurt und die Zitronenschale unterziehen.

02. Das Waffeleisen aufheizen. Mit etwas Öl einpinseln, pro Waffel jeweils 1 bis 2 EL Teig in das Waffeleisen geben und backen. Auf diese Weise insgesamt 3 Waffeln backen. Die Waffeln auskühlen lassen.

03. Die Beeren verlesen, waschen und gut abtropfen lassen oder trocken tupfen. Die Pflanzensahne nach Bedarf mit Sahnesteif steif schlagen und die Himbeerkonfitüre unterheben. Ein Drittel der Pflanzensahne auf eine Waffel streichen, mit einem Drittel der Beeren belegen und die nächste Waffel auflegen. Mit Pflanzensahne bestreichen und mit Beeren belegen, die letzte Waffel auflegen und ebenso mit Sahne bestreichen und mit Beeren belegen. Die Waffeltorte mit Puderzucker bestäubt servieren.

TIPP – *Natürlich können Sie die Waffeln auch einzeln mit etwas Puderzucker bestäubt servieren und dazu zum Beispiel veganes Eis oder ein Kompott reichen.*

ZUTATEN FÜR 1 TORTE (BZW. FÜR 4 STÜCKE)

+ **2 EL Ei-Ersatzpulver**
+ **30 g vegane Butter**
+ **50 g Zucker**
+ **1 Msp. Vanillemark**
+ **Salz**
+ **75 g Mehl**
+ **50 g Sojaghurt**
+ **1 Msp. abgeriebene Bio-Zitronenschale**
+ **Öl für das Waffeleisen**
+ **200 g gemischte Beeren**
+ **125 g aufschlagbare Pflanzensahne**
+ **Sahnesteif nach Bedarf**
+ **1 EL Himbeerkonfitüre**
+ **Puderzucker zum Bestäuben**

PFANNKUCHENTORTE
MIT PASSIONSFRUCHT UND HIMBEEREN

ZUTATEN FÜR 1 TORTE (CA. 20 CM Ø)

FÜR DIE PFANNKUCHEN:

+ **100 g Mehl**
+ **2 EL Sojamehl**
+ **Salz**
+ **1 TL Zucker**
+ **4 TL Backpulver**
+ **ca. 400 ml Sojadrink**
+ **4–5 EL Öl**

FÜR DIE FÜLLUNG UND ZUM GARNIEREN:

+ **600 g vegane Crème fraîche**
+ **200 g Sojaghurt**
+ **100 g Zucker**
+ **2 TL abgeriebene Bio-Zitronenschale**
+ **200 g aufschlagbare Pflanzensahne**
+ **Sahnesteif nach Bedarf**
+ **7 Passionsfrüchte (Maracujas)**
+ **ca. 200 g helle Marmelade oder Konfitüre (z. B. Orangenmarmelade oder Aprikosenkonfitüre)**
+ **125 g Himbeeren**
+ **4 EL Pistazienkerne**

ZUBEREITUNG

01. Für die Pfannkuchen das Mehl mit dem Sojamehl, 1 Prise Salz, Zucker und Backpulver in einer Schüssel mischen. Den Sojadrink unter Rühren mit dem Schneebesen dazugießen und alles zu einem glatten Teig ohne Klümpchen verrühren. Etwa 15 Minuten quellen lassen. Anschließend nochmal gut durchrühren. Falls der Teig zu dickflüssig ist, noch etwas Sojadrink unterrühren.

02. Etwas Öl in einer kleinen Pfanne (etwa 20 cm Durchmesser) erhitzen und etwas Teig hineingießen. Den Teig durch Schwenken dünn verteilen und 2 bis 3 Minuten goldbraun backen. Anschließend wenden und 2 bis 3 Minuten fertig backen. Die weiteren Pfannkuchen ebenso backen (es sollten etwa 16 kleine Pfannkuchen werden). Die fertigen Pfannkuchen auf einen Teller stapeln und vollständig auskühlen lassen.

03. Für die Füllung die Crème fraîche mit Sojaghurt, Zucker und Zitronenschale verrühren. Die Pflanzensahne nach Bedarf mit Sahnesteif steif schlagen und unterheben. 6 Passionsfrüchte halbieren und das Fruchtmark mit einem Löffel herauslösen. Unter die Marmelade bzw. Konfitüre rühren. Einen Pfannkuchen auf eine Tortenplatte legen und mit der Sojacreme bestreichen. Darauf einen weiteren Pfannkuchen legen und mit der Passionsfruchtmischung bestreichen. Auf diese Weise alle Pfannkuchen zu einer Torte schichten. Mit Sojacreme abschließen und die Torte etwa 1 Stunde kühl stellen.

04. Die Himbeeren waschen und trocken tupfen. Die Pistazien hacken. Die übrige Passionsfrucht halbieren und das Fruchtmark mit einem Löffel herauslösen. Die Pfannkuchentorte mit Himbeeren, Pistazien und Passionsfruchtmark garnieren und in Stücke geschnitten servieren.

03

KLEIN & EINFACH GUT

SÜSSKARTOFFELMUFFINS
MIT KÜRBIS UND MANGO

ZUTATEN FÜR 12 STÜCK

+ 1 Süßkartoffel (ca.150 g)
+ 150 g Kürbis (z. B. Muskatkürbis)
+ 4 EL Ei-Ersatzpulver
+ ½ Mango
+ 1 Bio-Orange
+ 200 g Mehl
+ ½–¾ Päckchen Backpulver
+ Salz
+ 100 g Zucker
+ 50 ml Rapsöl
+ 50 ml Kokosmilch
+ 2 EL Kokosraspel zum Bestreuen

ZUBEREITUNG

01. Die Süßkartoffel schälen und in Würfel schneiden. Den Kürbis schälen und die Kerne mit einem Löffel entfernen. Das Kürbisfruchtfleisch ebenfalls in Würfel schneiden und mit den Süßkartoffelwürfeln in einen Dämpfeinsatz geben. In einem großen Topf wenig Wasser zum Kochen bringen, den Dämpfeinsatz hineinstellen und Süßkartoffel und Kürbis bei mittlerer Hitze 20 Minuten weich dämpfen. Herausnehmen und pürieren.

02. Den Backofen auf 180 °C vorheizen. Das Ei-Ersatzpulver nach Packungsanweisung mit etwa 120 ml Wasser anrühren und quellen lassen. Die Mango schälen, das Fruchtfleisch auf der flachen Seite vom Stein schneiden und in kleine Würfel schneiden. Die Orange heiß waschen, trocken reiben und die Schale abreiben. Die Orange halbieren und auspressen.

03. Das Mehl, das Backpulver und 1 Prise Salz in einer Schüssel mischen. Den Ei-Ersatz mit dem Zucker in einer zweiten Schüssel aufschlagen. Das Öl einrühren, das Süßkartoffel-Kürbis-Püree dazugeben und diese Masse zusammen mit Kokosmilch, Orangenschale und Orangensaft in das Mehl einarbeiten. Die Mangowürfel vorsichtig unterrühren.

04. Die Vertiefungen eines Muffinblechs mit Papierförmchen auslegen, den Teig auf die Förmchen verteilen und im Ofen auf der mittleren Schiene 20 bis 25 Minuten backen. Die Süßkartoffelmuffins herausnehmen und mit den Kokosraspeln bestreut servieren.

INGWERMUFFINS
MIT WALNÜSSEN UND FEIGEN

ZUTATEN FÜR 12–16 STÜCK

FÜR DEN TEIG:

- **150 g Dinkelmehl**
- **50 g Dinkelvollkornmehl**
- **½ TL Zimtpulver**
- **1 TL gemahlener Ingwer**
- **1 TL frisch geriebener Ingwer**
- **frisch geriebene Muskatnuss**
- **100 g gemahlene Walnüsse**
- **3–4 TL Weinsteinbackpulver**
- **100 g Zucker**
- **50 ml Sonnenblumenöl**
- **200 ml Sojadrink**

ZUM GARNIEREN:

- **3–4 Feigen • 12–16 Walnusshälften**

ZUBEREITUNG

01. Den Backofen auf 180 °C vorheizen. Die Vertiefungen eines Muffinblechs mit Papierförmchen auslegen. Für den Teig die beiden Mehle mit Zimt, gemahlenem Ingwer, frisch geriebenem Ingwer, 1 Prise Muskatnuss, gemahlenen Nüssen und Backpulver in einer Schüssel mischen.

02. In einer weiteren Schüssel den Zucker mit dem Öl schaumig schlagen. Den Sojadrink unterrühren. Die Mehlmischung dazugeben und mit einem Kochlöffel nur kurz unterrühren, bis sich alle Zutaten verbunden haben.

03. Den Teig auf die Förmchen verteilen und im Ofen auf der mittleren Schiene etwa 25 Minuten goldbraun backen. Die Stäbchenprobe machen: Wenn an einem hineingestochenen Holzstäbchen kein Teig mehr kleben bleibt, sind die Muffins fertig.

04. Zum Garnieren die Feigen waschen und vierteln. Die Ingwermuffins mit den Feigenvierteln und den Walnusshälften belegen.

VOLLKORN-APFEL-MUFFINS
MIT ZIMT

ZUTATEN FÜR 12–16 STÜCK

+ 2 Äpfel (ca. 250 g)
+ 150 g Dinkelvollkornmehl
+ 100 g zarte Haferflocken
+ 2 TL Backpulver
+ 1 TL Natron
+ 3 EL Apfelmus
+ 100 g brauner Zucker
+ Zimtpulver
+ 1 EL Vanillezucker
+ 75 ml Rapsöl
+ 100 g Sojaghurt
+ 75 ml Sojadrink
+ 1–2 EL kernige Haferflocken

ZUBEREITUNG

01. Den Backofen auf 200 °C vorheizen. Die Vertiefungen eines Muffinblechs mit Papierförmchen auslegen. Die Äpfel vierteln, schälen und die Kerngehäuse entfernen. Die Apfelviertel grob raspeln. Das Mehl mit den zarten Haferflocken, dem Backpulver und dem Natron in einer Schüssel mischen.

02. In einer zweiten Schüssel das Apfelmus mit dem Zucker verrühren. 1 Prise Zimt, Vanillezucker und Öl dazugeben. Anschließend den Sojaghurt und den Sojadrink unterrühren und die Mehlmischung hinzufügen. Die Apfelraspel unterheben und den Teig auf die Muffinförmchen verteilen.

03. Die Muffins im Ofen auf der mittleren Schiene 25 bis 30 Minuten backen. Die Stäbchenprobe machen: Wenn an einem hineingestochenen Holzstäbchen kein Teig mehr kleben bleibt, sind die Muffins fertig. Die Vollkorn-Apfel-Muffins auskühlen lassen und mit den kernigen Haferflocken bestreut servieren.

CUPCAKES

MIT SÜSSER BOHNENCREME UND KARAMELLISIERTEN NÜSSEN

ZUBEREITUNG

01. Den Backofen auf 180 °C (Umluft) vorheizen. Die Vertiefungen eines Muffinblechs mit Papierförmchen auslegen. Für den Teig den Zucker mit dem Mehl, Backpulver und Mandeln in einer Schüssel mischen. Das Apfelmus unterrühren. Öl, Orangensaft und -schale sowie das Mineralwasser dazugeben und rasch unterrühren.

02. Den Teig auf die Förmchen verteilen und im Ofen auf der mittleren Schiene etwa 25 Minuten goldbraun backen. Aus dem Ofen nehmen, kurz abkühlen lassen, die Förmchen herausnehmen und die Cupcakes vollständig auskühlen lassen.

03. Inzwischen die Nüsse in einer Pfanne ohne Fett unter Wenden goldbraun rösten, dann mit dem Zucker bestreuen und unter Wenden karamellisieren. Auf ein Stück eingeölte Alufolie geben und auskühlen lassen. Dann die Nüsse grob hacken.

04. Für die Creme die Bohnen mit 2 EL Sojasahne pürieren und nach Belieben durch ein Sieb streichen. Die Schokolade im heißen Wasserbad schmelzen und unter das Bohnenmus rühren. Vanillezucker dazugeben und das Bohnenmus mit etwas Cayennepfeffer abschmecken. Die aufschlagbare Sojasahne nach Bedarf mit Sahnesteif steif schlagen und unterziehen. Die Creme auf die Muffins streichen und mit den karamellisierten Haselnüssen bestreuen.

TIPP – ***Eine süße Creme aus Kidneybohnen hört sich erst einmal ungewöhnlich an, aber die rötlichen Bohnen haben einen leicht süßlichen Eigengeschmack und nehmen zudem sehr gut die Aromen anderer Zutaten an.***

ZUTATEN FÜR 12 STÜCK

FÜR DEN TEIG:

+ **150 g Zucker**
+ **175 g Mehl**
+ **1 EL Weinsteinbackpulver**
+ **100 g blanchierte, gemahlene Mandeln**
+ **3–4 EL Apfelmus**
+ **100 ml Nussöl**
+ **Saft und abgeriebene Schale von 1 Bio-Orange**
+ **ca. 100 ml Mineralwasser (mit Kohlensäure)**

FÜR DIE NÜSSE:

+ **100 g Haselnusskerne**
+ **2–3 EL Zucker**
+ **Öl für die Folie**

FÜR DIE CREME:

+ **120 g abgetropfte Kidneybohnen (aus der Dose)**
+ **2 EL Sojasahne**
+ **50 g vegane Zartbitterschokolade**
+ **1 EL Vanillezucker**
+ **Cayennepfeffer**
+ **125 g aufschlagbare Sojasahne**
+ **Sahnesteif nach Bedarf**

KOKOSMOUSSE-TÖRTCHEN
MIT MANGOGELEE

ZUTATEN FÜR 12 STÜCK (À CA. 8–10 CM Ø)

FÜR DIE MANGOCREME:

- **2 Mangos (à ca. 250 g)**
- **50–75 ml Zitronensaft**
- **1 Päckchen Vanillezucker**
- **5 g Agar-Agar**

FÜR DEN TEIG:

- **270 g Mehl**
- **200 g vegane Butter**
- **100 g Zucker**
- **2–3 EL Pflanzensahne (z. B. Kokossahne)**
- **Salz**

FÜR DIE KOKOSCREME:

- **150 g Sojaquark**
- **150 g Kokoscreme**
- **2–3 EL Zitronensaft**
- **2 EL Vanillezucker**
- **150 g aufschlagbare Pflanzensahne (z. B. Kokossahne)**
- **Sahnesteif nach Bedarf**

AUSSERDEM:

- **vegane Butter für die Förmchen**
- **Mehl für die Arbeitsfläche**
- **Hülsenfrüchte zum Blindbacken**
- **Kokosraspel zum Bestreuen**

ZUBEREITUNG

01. Für die Mangocreme die Mangos schälen, das Fruchtfleisch auf der flachen Seite vom Stein schneiden und in kleine Würfel schneiden. Die Mangowürfel mit dem Zitronensaft und dem Vanillezucker pürieren. Die Mischung in einen Topf geben, das Agar-Agar einrühren, unter Rühren aufkochen und 1 Minute köcheln lassen. Vom Herd nehmen und abkühlen lassen. Die Mangomasse in kalt ausgespülte Halbkugelformen (etwa 4 cm Durchmesser) füllen. Im Kühlschrank etwa 4 Stunden fest werden lassen.

02. Für den Teig Mehl, Butter in Würfeln, Zucker, Pflanzensahne und 1 Prise Salz rasch zu einem glatten Teig verkneten. Den Teig zu einer Kugel formen und in Frischhaltefolie gewickelt etwa 1 Stunde kühl stellen.

03. Den Backofen auf 180 °C (Umluft) vorheizen. Zwölf Tartelettefömchen einfetten. Den Teig auf der bemehlten Arbeitsfläche ausrollen und mit einem runden Ausstecher Kreise (à 10 bis 12 cm Durchmesser) ausstechen. Die Teigkreise in die Förmchen legen und mit einer Gabel die Böden mehrmals einstechen. Den Teig mit Backpapier belegen, mit Hülsenfrüchten auffüllen und im Ofen auf der mittleren Schiene etwa 20 Minuten goldbraun blindbacken. Herausnehmen, kurz abkühlen lassen und das Backpapier mit den Hülsenfrüchten entfernen. Die Tartelettes vorsichtig aus den Förmchen lösen und auskühlen lassen.

04. Für die Kokoscreme den Sojaquark mit der Kokoscreme verrühren und mit Zitronensaft und Vanillezucker abschmecken. Die Pflanzensahne nach Bedarf mit Sahnesteif steif schlagen und unterheben. Die Creme in einen Spritzbeutel geben und in die Tartelettes spritzen. Die Mango-Halbkugeln aus den Formen drücken und auf die Tartelettes geben. Die Kokosmousse-Törtchen mit Kokosraspeln bestreuen und servieren.

SCHOKOLADENTÖRTCHEN

MIT PISTAZIEN

ZUTATEN FÜR 12 STÜCK (À CA. 10 CM Ø)

FÜR DEN TEIG:

+ **275 g Mehl**
+ **220 g vegane Butter**
+ **100 g Zucker**

FÜR DIE SCHOKOCREME:

+ **500 g vegane Zartbitterschokolade**
+ **250 ml Kokosmilch**
+ **150 g Pistazienkerne**
+ **2 EL Zimtlikör**

AUSSERDEM:

+ **vegane Butter für die Förmchen**
+ **Mehl für die Arbeitsfläche**
+ **Hülsenfrüchte zum Blindbacken**

ZUBEREITUNG

01. Für den Teig Mehl, Butter in Würfeln und Zucker rasch zu einem glatten Teig verkneten. Zu einer Kugel formen und in Frischhaltefolie gewickelt etwa 1 Stunde kühl stellen.

02. Den Backofen auf 200 °C vorheizen. Zwölf Tarteletteförmchen einfetten. Den Teig auf der bemehlten Arbeitsfläche ausrollen und die Tarteletteförmchen damit auslegen (siehe S. 72), dabei einen Rand formen. Mit einer Gabel die Böden mehrmals einstechen. Den Teig mit Backpapier belegen, mit Hülsenfrüchten auffüllen und im Ofen auf der mittleren Schiene etwa 20 Minuten goldbraun blindbacken. Herausnehmen, kurz abkühlen lassen, das Backpapier mit den Hülsenfrüchten entfernen. Die Tartelettes vorsichtig aus den Förmchen lösen und auskühlen lassen.

03. Für die Schokocreme die Schokolade grob hacken und in eine Schüssel geben. Die Kokosmilch aufkochen und über die Schokolade gießen. Mit einem Teigschaber vorsichtig rühren, bis die Schokolade geschmolzen ist. Die Pistazien sehr fein hacken oder mahlen, zwei Drittel davon mit dem Zimtlikör unter die Schokocreme ziehen. Die Creme in die Tartelettes füllen. Die Schokoladentörtchen mit den restlichen Pistazien bestreuen und 2 Stunden kühl stellen.

KIRSCHTÖRTCHEN
MIT VANILLECREME

ZUTATEN FÜR 8 STÜCK (À CA. 10 CM Ø)

- 275 g Dinkelmehl • Salz
- 1 TL Vanillezucker
- 220 g vegane Butter • ca. 100 g Zucker
- 1 Vanilleschote • 1–2 EL Speisestärke
- 250 ml Mandeldrink
- vegane Butter für die Förmchen
- Mehl für die Arbeitsfläche
- Hülsenfrüchte zum Blindbacken
- 100 g Mandelblättchen
- 500 g Kirschen (oder z. B. Heidelbeeeren und Physalis; siehe Coverbild)
- 250 g aufschlagbare Sojasahne
- Sahnesteif nach Bedarf

ZUBEREITUNG

01. Mehl, 1 Prise Salz, Vanillezucker, Butter in Würfeln und 80 g Zucker rasch zu einem glatten Teig verkneten. Zu einer Kugel formen und in Frischhaltefolie gewickelt etwa 1 Stunde kühl stellen.

02. Vanilleschote längs aufschneiden und das Mark herauskratzen. Speisestärke mit 3 EL Mandeldrink und 2 EL Zucker verrühren. Restlichen Mandeldrink mit Vanillemark und -schote aufkochen, angerührte Speisestärke einrühren und aufkochen. Auskühlen lassen.

03. Den Backofen auf 200 °C vorheizen. 8 Tarteletteförmchen einfetten. Den Teig auf der bemehlten Arbeitsfläche ausrollen und die Tartelettefömchen damit auslegen, dabei einen Rand formen. Mit einer Gabel die Böden mehrmals einstechen. Wie auf S. 74 beschrieben, im Ofen auf der mittleren Schiene etwa 20 Minuten blindbacken. Die Tartelettes aus den Förmchen lösen und auskühlen lassen.

04. Mandelblättchen in einer Pfanne ohne Fett goldbraun rösten. Kirschen waschen und gut abtropfen lassen. Sojasahne nach Bedarf mit Sahnesteif steif schlagen und unter die Vanillecreme ziehen, in die Törtchen streichen und mit Kirschen belegen. Die Kirschtörtchen mit Mandelblättchen bestreut servieren.

ELSÄSSISCHE TÖRTCHEN

MIT NÜSSEN UND GETROCKNETEN FEIGEN

ZUBEREITUNG

01. Für den Teig Mehl, Butter in Würfeln, Zucker und Sojasahne rasch zu einem glatten Teig verkneten. Den Teig zu einer Kugel formen und in Frischhaltefolie gewickelt etwa 1 Stunde kühl stellen.

02. Den Backofen auf 200 °C vorheizen. Sechs bis acht Tarteletteförmchen einfetten. Den Teig auf der bemehlten Arbeitsfläche ausrollen und mit einem runden Ausstecher Kreise (à etwa 12 cm) ausstechen. Die Teigkreise in die Förmchen legen, dabei einen Rand formen. Mit einer Gabel die Böden mehrmals einstechen. Den Teig mit Backpapier belegen, mit Hülsenfrüchten auffüllen und im Ofen auf der mittleren Schiene etwa 20 Minuten goldbraun blindbacken. Herausnehmen, kurz abkühlen lassen, das Backpapier mit den Hülsenfrüchten entfernen. Die Tarteletts auskühlen lassen.

03. Für die Schokoladencreme beide Schokoladen hacken und in eine Schüssel geben. Die Sojasahne aufkochen, über die Schokolade gießen und mit einem Teigschaber vorsichtig umrühren, bis die Schokolade geschmolzen ist. Den Cognac und den Zimt unterziehen.

04. Die Feigen in Stücke schneiden. Die Creme in die Tarteletts füllen, mit den Feigen, Nüssen, Mandeln und Pistazien bestreuen. Die Elsässischen Törtchen etwa 2 Stunden kühl stellen, bis die Schokoladencreme fest geworden ist.

TIPP – ***Wenn Kinder mitessen, lassen Sie den Cognac einfach weg. Bei den Nüssen können Sie nach Belieben variieren. Probieren Sie z. B. auch einmal gehackte Cashewkerne.***

ZUTATEN FÜR 6–8 STÜCK (À CA. 10 CM Ø)

FÜR DEN TEIG:

+ **275 g Mehl**
+ **180 g vegane Butter**
+ **100 g Zucker**
+ **2 EL Sojasahne**

FÜR DIE SCHOKOLADEN-CREME:

+ **150 g vegane Zartbitterschokolade**
+ **100 g vegane Vollmilchschokolade**
+ **250 g Sojasahne**
+ **2 cl Cognac**
+ **½ TL Zimtpulver**
+ **4–5 getrocknete Feigen**
+ **2 EL Haselnusskerne**
+ **2 EL Walnusskerne**
+ **2 EL blanchierte Mandeln**
+ **1–2 EL Pistazienkerne**

AUSSERDEM:

+ **vegane Butter für die Förmchen**
+ **Mehl für die Arbeitsfläche**
+ **Hülsenfrüchte zum Blindbacken**

SCHOKO-BIRNEN-TÖRTCHEN
MIT MANDELN

ZUTATEN FÜR 6–8 STÜCK (À CA. 10 CM Ø)

FÜR DEN TEIG:

- 30 g gemahlene Mandeln
- 210 g Mehl
- 90 g Puderzucker
- 40 g Kakaopulver
- Salz
- 150 g vegane Butter
- ca. 2 EL Sojasahne

FÜR DIE FÜLLUNG:

- 2 Birnen
- 40 g Zucker
- 2 Msp. Zimtpulver
- 250 ml trockener Weißwein

ZUM GARNIEREN:

- Schokoraspel
- Zimtpulver

AUSSERDEM:

- vegane Butter für die Förmchen
- Mehl für die Arbeitsfläche
- getrocknete Hülsenfrüchte zum Blindbacken

ZUBEREITUNG

01. Für den Teig Mandeln, Mehl, Puderzucker, Kakao und 1 Prise Salz mischen und auf die Arbeitsfläche häufen. Die Butter in Würfeln darüber verteilen und zusammen mit der Sojasahne rasch zu einem glatten Teig verkneten. Den Teig zu einer Kugel formen und in Frischhaltefolie gewickelt 1 Stunde kühl stellen.

02. Inzwischen für die Füllung die Birnen halbieren, schälen und die Kerngehäuse entfernen. Die Birnenviertel in dünne Spalten schneiden. Zucker, Zimt und Weißwein zum Kochen bringen und die Birnenspalten darin etwa 2 Minuten bissfest garen. Vom Herd nehmen und die Birnen im Weißweinsirup abkühlen lassen. Anschließend auf einem Sieb abtropfen lassen.

03. Den Backofen auf 180 °C vorheizen. Sechs bis acht Tarteletteförmchen einfetten. Den Teig auf der bemehlten Arbeitsfläche ausrollen. Die Tarteletteförmchen mit dem Teig auslegen. Den Teig mit Backpapier belegen, mit Hülsenfrüchten auffüllen und im Ofen auf der mittleren Schiene 20 bis 25 Minuten blindbacken. Herausnehmen und das Backpapier mit den Hülsenfrüchten entfernen. Die Tarteletteböden etwas abkühlen lassen, dann aus den Formen nehmen und vollständig auskühlen lassen.

04. Die Tarteletteböden mit den Birnenspalten in Blütenform belegen. Die Schoko-Birnen-Törtchen mit Schokoraspeln und Zimtpulver garniert servieren.

APFELTASCHEN
MIT RUMROSINEN

ZUTATEN FÜR 6–8 STÜCK

- **400 g veganer Blätterteig (aus dem Kühlregal)**
- **Mehl für die Arbeitsfläche**
- **1 walnussgroßes Stück Ingwer**
- **2 EL Haselnusskerne**
- **2–3 Boskop-Äpfel**
- **1–2 EL Rumrosinen**
- **1 EL Zitronensaft**
- **½ TL Zimtpulver**
- **2 EL Zucker**
- **30 g Marzipanrohmasse**
- **2–3 EL Sojadrink**

ZUBEREITUNG

01. Den Blätterteig auf der bemehlten Arbeitsfläche ausrollen und 6 bis 8 Kreise (etwa 18 cm Durchmesser) ausstechen. Den Ingwer schälen und sehr fein reiben. Die Nüsse grob hacken. Die Äpfel vierteln, schälen und die Kerngehäuse entfernen. Die Apfelviertel in kleine Würfel schneiden.

02. Die Apfelwürfel mit Ingwer, Rumrosinen, Zitronensaft, Nüssen, Zimt und Zucker mischen. Die Marzipanrohmasse in kleine Würfel schneiden und mit der Apfelmischung mittig auf die Kreise verteilen. Die Teigränder dünn mit Wasser bepinseln und die Kreise jeweils zum Halbmond legen. Die Ränder gut aufeinander drücken. Die Teigreste zusammenkneten, auf der leicht bemehlten Arbeitsfläche dünn ausrollen und in 1 cm schmale Streifen schneiden.

03. Den Backofen auf 200 °C vorheizen. Die Apfeltaschen auf ein mit Backpapier belegtes Blech legen und mit dem Sojadrink bepinseln. Mit den Teigstreifen belegen und diese ebenfalls mit dem Sojadrink bepinseln. Die Apfeltaschen im Ofen auf der mittleren Schiene etwa 20 Minuten goldgelb backen. Die Apfeltaschen herausnehmen und auf einem Kuchengitter auskühlen lassen.

ZWETSCHGEN-PIZZEN
MIT MARZIPAN UND HASELNÜSSEN

ZUTATEN FÜR 4 STÜCK

+ 4 EL gehackte Haselnusskerne
+ 100 g Marzipanrohmasse
+ 1 EL Zwetschgengeist
+ 12 Zwetschgen
+ 275 g veganer Blätterteig (aus dem Kühlregal)
+ 20 g flüssige Margarine
+ Puderzucker zum Bestäuben
+ 150 g aufschlagbare Pflanzensahne
+ Sahnesteif nach Bedarf
+ ½ Päckchen Vanillezucker
+ Zimtpulver

ZUBEREITUNG

01. Die Haselnüsse in einer Pfanne ohne Fett anrösten und herausnehmen. Das Marzipan auf der Küchenreibe raspeln und mit den Nüssen und dem Zwetschgengeist verkneten. Die Zwetschgen waschen, halbieren und entsteinen.

02. Den Backofen auf 200 °C vorheizen. Den Blätterteig auf der Arbeitsfläche ausbreiten. 4 Kreise à 12 cm Durchmesser aus dem Teig ausstechen und auf ein mit Backpapier belegtes Backblech legen. Jeweils etwas von der Marzipanmischung in die Zwetschgenhälften füllen und mit der Schnittfläche nach unten auf den Teig legen. Die Zwetschgen mit der Margarine bestreichen und die Pizzen im Backofen auf der mittleren Schiene etwa 15 Minuten goldbraun backen.

03. Die Pizzen herausnehmen, lauwarm abkühlen lassen und mit Puderzucker bestäuben. Die Pflanzensahne nach Bedarf mit Sahnesteif und mit dem Vanillezucker steif schlagen, zum Schluss 1 Prise Zimt unterschlagen. Die Zwetschgen-Pizzen mit der Zimtsahne servieren.

BANANENBRÖTCHEN
MIT MACADAMIANÜSSEN

ZUTATEN FÜR 1 SPRINGFORM (28 CM Ø)

- **500 g Weizenmehl (Type 550)**
- **½ Würfel Hefe (21 g)**
- **100 ml Ahornsirup**
- **50 ml lauwarmer Sojadrink**
- **1 Limette**
- **2–3 Bananen**
- **Salz**
- **Fett für die Form**
- **200 g geröstete gesalzene Macadamianüsse**

ZUBEREITUNG

01. Das Mehl in eine große Schüssel geben und in die Mitte eine Mulde hineindrücken. Die Hefe zerbröckeln und mit 60 ml Ahornsirup in dem Sojadrink auflösen. Die Mischung in die Mulde gießen und vom Rand her etwas Mehl einrühren, bis ein dünner Teig entsteht. Den Teig mit einem feuchten Küchentuch zugedeckt an einem warmen Ort 15 Minuten gehen lassen.

02. Die Limette auspressen. Die Bananen schälen und mit dem Limettensaft pürieren. Von dem Püree 300 g abwiegen, falls die Püreemenge zu gering ist, etwas Wasser hinzufügen. Das Bananenpüree in die Schüssel geben, das restliche Mehl und 1 Prise Salz einarbeiten und alles mit den Knethaken des Handrührgeräts kneten, bis ein elastischer Teig entstanden ist. Zugedeckt an einem warmen Ort weitere 30 Minuten gehen lassen. Eine Springform einfetten und kühl stellen.

03. Den Teig nochmals kurz kneten, in golfballgroße Portionen teilen und zu Kugeln formen. Die Kugeln dicht an dicht in die Springform setzen und den Teig zugedeckt an einem warmen Ort nochmals 30 Minuten gehen lassen.

04. Ein leeres Backblech auf die unterste Schiene im Backofen schieben und den Ofen auf 180 °C (Umluft) vorheizen. Den Teig mit dem restlichen Ahornsirup bestreichen. Die Nüsse fein hacken und darüberstreuen.

05. Dann die Form mit den Brötchen in den Ofen auf die mittlere Schiene stellen und etwa 100 ml Wasser auf das leere Blech gießen. Die Brötchen 25 bis 30 Minuten backen. Aus dem Ofen nehmen und leicht abkühlen lassen. Aus der Form lösen und auskühlen lassen.

WINDBEUTEL
MIT VEGANER SAHNECREME

ZUTATEN FÜR CA. 8 STÜCK

FÜR DEN TEIG:

+ **3 EL Ei-Ersatzpulver**
+ **60 g vegane Butter**
+ **3 TL Zucker**
+ **60 g Mehl**

FÜR DIE CREME:

+ **250 g aufschlagbare Sojasahne**
+ **Sahnesteif nach Bedarf**
+ **1 Päckchen Vanillezucker**
+ **1–2 cl Rum**

AUSSERDEM:

+ **Puderzucker zum Bestäuben**

ZUBEREITUNG

01. Den Backofen auf 220 °C vorheizen. Ein Backblech mit Backpapier belegen und mit einigen Spritzern Wasser befeuchten. Für den Teig das Ei-Ersatzpulver nach Packungsanweisung mit etwa 90 ml Wasser verrühren und quellen lassen.

02. Inzwischen die Butter mit 125 ml Wasser und dem Zucker aufkochen. Das Mehl auf einmal dazugeben und unterrühren, dabei die Masse im Topf weiter erhitzen, bis sie sich zum Kloß ballt und sich trotz Rühren am Boden ein weißer Belag anlegt. Den Teig in eine Schüssel geben und lauwarm auskühlen lassen.

03. Den Ei-Ersatz löffelweise mit den Quirlen des Handrührgeräts unter den Teig schlagen, bis eine homogene Masse entstanden ist. Die Masse in einen Spritzbeutel mit großer Sterntülle füllen und auf das Blech mit etwas Abstand zueinander etwa walnussgroße Tupfer spritzen. Im Ofen auf der mittleren Schiene 10 Minuten backen, dann die Hitze auf 200 °C reduzieren und die Windbeutel weitere 20 bis 25 Minuten goldbraun fertig backen. Während des Backens die Ofentür nicht öffnen, sonst fallen die Windbeutel zusammen. Die fertigen Windbeutel herausnehmen und auf einem Gitter auskühlen lassen.

04. Für die Creme die Sojasahne nach Bedarf mit Sahnesteif und mit dem Vanillezucker steif schlagen und den Rum unterziehen. Die Windbeutel waagerecht halbieren, mit der Sahnecreme füllen und die Deckel wieder auflegen. Die Windbeutel mit Puderzucker bestäubt servieren.

MINI-GUGELHUPFE
MIT ZITRONENCREME

ZUTATEN FÜR 6 STÜCK

FÜR DEN TEIG:

+ **3 EL Ei-Ersatzpulver**
+ **100 g Mehl • 50 g Speisestärke**
+ **1 TL Backpulver • 125 g vegane Butter**
+ **125 g Zucker • Saft und abgeriebene Schale von 1 Bio-Zitrone**

FÜR DIE CREME:

+ **125 g aufschlagbare Sojasahne**
+ **Sahnesteif nach Bedarf**
+ **2–3 EL Zitronengelee**

AUSSERDEM:

+ **vegane Butter und Brösel für die Form**
+ **Puderzucker zum Bestäuben**

ZUBEREITUNG

01. Den Backofen auf 160 °C (Umluft) vorheizen. Die Vertiefungen einer Mini-Gugelhupfform einfetten und mit den Bröseln ausstreuen. Für den Teig das Ei-Ersatzpulver nach Packungsanweisung mit etwa 90 ml Wasser verrühren und quellen lassen.

02. Mehl mit Speisestärke und Backpulver mischen und in eine Schüssel sieben. Butter in Stücke schneiden und in einem Topf schmelzen. Vom Herd nehmen und abkühlen lassen. Ei-Ersatzmasse in eine Schüssel geben und mit Zucker aufschlagen. Zitronensaft sowie -schale unterrühren. Dann abwechselnd die flüssige Butter und die Mehlmischung unter die „Eiercreme“ rühren, bis ein geschmeidiger Teig entstanden ist. Den Teig in die Förmchen füllen und glatt streichen. Im Ofen auf der mittleren Schiene 30 bis 35 Minuten goldbraun backen. Die Stäbchenprobe machen (siehe S. 6). Herausnehmen, einige Minuten ruhen lassen, stürzen und vollständig auskühlen lassen.

03. Für die Creme die Sojasahne nach Bedarf mit Sahnesteif steif schlagen und unter das Zitronengelee ziehen. In einen Spritzbeutel mit Sterntülle füllen. Die Mini-Gugelhupfe waagerecht halbieren, etwas Creme auf die unteren Hälften spritzen und die oberen Hälften daraufsetzen. Mit Puderzucker bestäubt servieren.

SCHOKOLADEN-CHILI-DOUGHNUTS

MIT VANILLE-MEERSALZ

ZUTATEN FÜR CA. 12 STÜCK

+ **Öl für das Blech**
+ **75 g Hirsemehl • 80 g Kakaopulver**
+ **50 g gemahlene Mandeln**
+ **1 EL Kokosraspel • 1 TL Backpulver**
+ **1 Msp. Zimtpulver**
+ **1 g Xanthan (im Onlinehandel erhältlich)**
+ **Salz • ½ TL Espressopulver**
+ **1 Msp. Natron**
+ **Chilipulver • Nelkenpulver • 1 TL Leinsamen**
+ **120 ml Agavensirup • 120 g Apfelmus**
+ **2 EL Kokosöl**
+ **einige Tropfen Vanillearoma**
+ **60 g Puderzucker**
+ **2–3 EL Reisdrink • Vanille-Meersalz**

ZUBEREITUNG

01. Den Backofen auf 200 °C (Umluft) vorheizen. Die Vertiefungen eines Doughnutblechs mit Öl auspinseln. Das Hirsemehl mit 40 g Kakao, Mandeln, Kokosraspeln, Backpulver, Zimt, Xanthan, 1 Prise Salz, Espressopulver, Natron, je 1 Prise Chili- und Nelkenpulver in einer Schüssel gut mischen.

02. Die Leinsamen fein mahlen und mit 50 ml Wasser verrühren. Etwa 10 Minuten stehen lassen. Dann Agavensirup, Apfelmus, Kokosöl und Vanillearoma dazugeben und mit dem Handrührgerät cremig-luftig rühren. Nach und nach die Mehlmischung dazugeben und untermischen. Etwa 120 ml Wasser hinzufügen, bis ein streichfähiger Teig entstanden ist. Den Teig in die Vertiefungen (etwa zur Hälfte) des Backblechs füllen und die Ränder sauber abwischen. Im Ofen auf der mittleren Schiene 10 bis 15 Minuten backen. Herausnehmen und auf einem Kuchengitter auskühlen lassen.

03. Den Puderzucker mit dem restlichen Kakao in einer Schüssel vermischen und nach und nach so viel Reisdrink unterrühren, bis ein dickflüssiger Guss entstanden ist. Die Schokoladen-Chili-Doughnuts aus der Form lösen, mit dem Guss überziehen und leicht antrocknen lassen. Mit etwas Vanille-Meersalz bestreuen und vollständig trocknen lassen.

CAKE POPS
MIT GEHACKTEN NÜSSEN

ZUBEREITUNG

01. Für das Frosting den Sojaghurt über Nacht in einem mit einem Küchentuch ausgelegten Sieb im Kühlschrank abtropfen lassen.

02. Für den Teig das Ei-Ersatzpulver nach Packungsanweisung mit etwa 50 ml Wasser verrühren und quellen lassen.

03. Den Backofen auf 180 °C vorheizen. Eine Springform (26 cm Durchmesser) mit Backpapier auslegen. Margarine und Zucker mit 1 Prise Zimt cremig rühren. Ei-Ersatz hinzufügen und 1 Minute weiterrühren. Mehl mit Mandeln, Kakao und Backpulver mischen und abwechselnd mit dem Sojadrink unter die Margarine-Masse rühren. Den Teig in die Form füllen und im Ofen auf der mittleren Schiene 25 Minuten backen. Herausnehmen, abkühlen lassen und aus der Form lösen. Den Kuchen in eine Schüssel bröseln.

04. Für das Frosting Margarine mit Puderzucker in einer Schüssel cremig schlagen. Den abgetropften Sojaghurt unterrühren. Die Creme mit den Kuchenbröseln verkneten und aus der Masse 25 Kugeln formen. Jeweils 1 Kugel auf einen Cake-Pop-Stiel stecken und 1 Stunde kühl stellen.

05. Inzwischen die Kuvertüre im heißen Wasserbad schmelzen und die Pflanzensahne und das Öl unterrühren. Die Cake Pops in die leicht abgekühlte Schokolade tauchen, abtropfen lassen und in den gehackten Mandeln wenden. Die Cake Pops in Gläsern stehend trocknen lassen.

ZUTATEN FÜR CA. 25 STÜCK

FÜR DEN TEIG:

+ **2 EL Ei-Ersatzpulver**
+ **75 g weiche Margarine**
+ **75 g Zucker**
+ **Zimtpulver**
+ **100 g Mehl**
+ **4 EL gemahlene Mandeln**
+ **1 EL Kakaopulver**
+ **1 Msp. Backpulver**
+ **4 EL Sojadrink**

FÜR DAS FROSTING:

+ **200 g Sojaghurt**
+ **40 g weiche Margarine**
+ **60 g Puderzucker**

AUSSERDEM:

+ **20 Cake-Pop-Stiele**
+ **300 g vegane Kuvertüre (Vollmilch oder Zartbitter)**
+ **2–3 EL Pflanzensahne**
+ **1 TL Öl**
+ **gehackte Mandeln zum Bestreuen**

TIPP — *Wer es etwas bunter mag, kann die Cake Pops in Zuckerstreuseln oder -perlen wenden. Da herkömmliche Zuckerdekoration oft Trennmittel tierischen Ursprungs enthält, achten Sie auf die Inhaltsstoffe. Insbesondere Bio-Supermärkte bieten auch rein pflanzliche Varianten an.*

MINI-KRAPFEN
MIT KIRSCHFÜLLUNG

ZUTATEN FÜR 12–15 STÜCK

- **1 Würfel Hefe (42 g)**
- **50 g Zucker**
- **ca. 200 ml lauwarmer Mandeldrink**
- **500 g Mehl**
- **Salz**
- **½ TL abgeriebene Bio-Zitronenschale**
- **60 g vegane Butter**
- **Mehl für die Arbeitsfläche**
- **1–1½ l Öl zum Ausbacken**
- **ca. 200 g Kirschgelee**
- **Zucker zum Bestreuen**

ZUBEREITUNG

01. Die Hefe mit dem Zucker in dem lauwarmen Mandeldrink auflösen. Mehl, 1 Prise Salz und Zitronenschale in eine Schüssel geben, in die Mitte eine Mulde drücken und die Hefemischung hineingeben. Butter hinzufügen und alles mit dem Knethaken des Handrührgeräts zu einem mittelfesten Teig verarbeiten, der sich vom Schüsselrand löst. Zugedeckt an einem warmen Ort etwa 45 Minuten gehen lassen.

02. Den Teig auf der bemehlten Arbeitsfläche durchkneten 2 cm dick ausrollen. Mit einem Ausstecher Kreise (à etwa 6 cm Durchmesser) ausstechen. Zugedeckt auf der bemehlten Arbeitsfläche 20 Minuten gehen lassen.

03. Das Öl in einem Topf erhitzen. Es ist heiß genug, wenn an einem hineingehaltenen Holzlöffelstiel Blasen aufsteigen. Die Krapfen portionsweise ausbacken: Einige Teigkreise einlegen und zugedeckt etwa 3 Minuten goldbraun ausbacken. Wenden und 2 bis 3 Minuten fertig frittieren. Herausnehmen, auf Küchenpapier abtropfen und etwas abkühlen lassen.

04. Das Gelee in einem kleinen Topf leicht erwärmen und glatt rühren, in einen Spritzbeutel mit langer, dünner Tülle füllen und in die Krapfen einspritzen. Die Mini-Krapfen mit Zucker bestreut servieren.

KOKOSPLÄTZCHEN
MIT LIMETTE

ZUTATEN FÜR CA. 30 STÜCK

- **150 g feines Dinkelmehl**
- **40 g Puderzucker**
- **Salz**
- **50 g Kokosraspel**
- **1 TL abgeriebene Bio-Limettenschale**
- **100 g sehr kalte Margarine**
- **2 EL Kokosmilch**
- **Kokosraspel zum Wenden**

ZUBEREITUNG

01. Das Mehl mit dem Puderzucker, 1 Prise Salz, den Kokosraspeln und der Limettenschale mischen. Die Margarine in Flöckchen dazugeben und mit der Kokosmilch rasch zu einem glatten Teig verkneten. Den Teig zu einer Kugel formen und in Frischhaltefolie gewickelt 1 bis 2 Stunden kühl stellen.

02. Den Backofen auf 180 °C (Umluft) vorheizen. Ein Backblech mit Backpapier belegen. Den Teig portionsweise zu Rollen formen und etwa 1,5 cm dicke Stücke abschneiden. Daraus längliche Plätzchen formen und auf das Blech legen. Im Ofen auf der mittleren Schiene etwa 12 Minuten backen, bis die Enden leicht braun werden.

03. Die Plätzchen aus dem Ofen nehmen und sofort in den Kokosraspeln wenden. Dann die Kokosplätzchen auf ein Kuchengitter legen und auskühlen lassen.

GEFÜLLTE KEKSE
MIT KARAMELLCREME

ZUTATEN FÜR 20–25 STÜCK

FÜR DIE CREME:

- **500 ml Sojadrink**
- **150 g brauner Zucker**
- **50 ml Agavendicksaft**
- **½ Vanilleschote**
- **½ TL Salz**
- **½–1 TL Agar-Agar**
- **50 ml Hafersahne**

FÜR DIE KEKSE:

- **150 g weiche Margarine**
- **50 g Puderzucker**
- **2 EL Vanillezucker**
- **225 g Mehl**
- **2 TL Speisestärke**

ZUBEREITUNG

01. Für die Karamellcreme den Sojadrink mit dem Zucker, Agavendicksaft, Vanilleschote und Salz in einen großen, weiten Topf geben. Die Mischung etwa 40 Minuten bei mittlerer Hitze köcheln lassen, dabei darauf achten, dass die Creme nicht überkocht. Danach die Temperatur reduzieren und weitere 30 bis 50 Minuten bei schwacher Hitze sirupartig einkochen lassen. Nach etwa 1 Stunde Kochzeit die Vanilleschote entfernen. Am Ende der Kochzeit ständig umrühren, um ein Anlegen der Creme zu verhindern.

02. Das Agar-Agar in die Hafersahne rühren und unter die Karamellcreme rühren. Unter ständigem Rühren weitere etwa 10 Minuten köcheln, dann die Creme in eine Schale umfüllen und auskühlen lassen.

03. Inzwischen für die Kekse die Margarine mit dem Puderzucker und Vanillezucker schaumig rühren. Das Mehl mit der Speisestärke darübersieben und zu einem geschmeidigen Teig verkneten. Den Teig zwischen zwei Lagen Backpapier etwa 4 bis 5 mm dick ausrollen und etwa 1 Stunde kühl stellen.

04. Den Backofen auf 180 °C vorheizen. Ein Backblech mit Backpapier auslegen. Aus dem Teig Kreise (à etwa 5 cm Durchmesser) ausstechen und auf das Blech legen. Im Ofen auf der mittleren Schiene 10 bis 15 Minuten backen, bis die Ränder beginnen golden zu bräunen. Auf einem Kuchengitter auskühlen lassen.

05. Die Karamellcreme in einen Spritzbeutel mit gezackter Tülle füllen. Auf die Hälfte der Kekse jeweils etwas Creme spritzen und einen zweiten Keks auflegen, leicht andrücken.

VOLLKORN-KÜRBIS-COOKIES
MIT CHOCOLATE CHIPS

ZUTATEN FÜR CA. 35 STÜCK

- **200 g Kürbis (z. B. Butternut-Kürbis)**
- **450 g Dinkelvollkornmehl**
- **1½ TL Backpulver**
- **½ TL Salz**
- **1 TL Zimtpulver**
- **1 Msp. frisch geriebene Muskatnuss**
- **320 g brauner Zucker**
- **225 g vegane Butter**
- **40 g vegane Chocolate Chips**

ZUBEREITUNG

01. Den Kürbis schälen und die Kerne mit einem Löffel entfernen. Das Kürbisfruchtfleisch in Würfel schneiden und in einen Dämpfeinsatz geben. In einem großen Topf wenig Wasser zum Kochen bringen, den Dämpfeinsatz hineinstellen und das Kürbisfleisch bei mittlerer Hitze 15 bis 20 Minuten weich dämpfen. Zu Püree zerdrücken und abkühlen lassen.

02. Den Backofen auf 175 °C (Umluft) vorheizen. Ein Backblech mit Backpapier belegen. Das Mehl in einer Schüssel mit dem Backpulver, Salz, Zimt und Muskatnuss mischen.

03. In einer zweiten Schüssel Zucker, Butter und Kürbispüree verrühren. Erst die Mehlmischung, dann die Chocolate Chips einarbeiten.

04. Vom Teig kleine Portionen abnehmen und als Kugeln geformt mit Abstand zueinander auf dem Backblech verteilen. Die Kugeln leicht flach drücken und im Ofen auf der mittleren Schiene 12 bis 15 Minuten backen. Die Vollkorn-Kürbis-Cookies herausnehmen und auskühlen lassen.

HAFERFLOCKEN-COOKIES
MIT CRANBERRYS

ZUTATEN FÜR CA. 30 STÜCK

- **150 g brauner Zucker**
- **300 g kernige Haferflocken**
- **200 g Vollkornmehl**
- **Salz**
- **Zimtpulver**
- **150 g getrocknete Cranberrys**
- **250 ml Reisdrink**

ZUBEREITUNG

01. Den Backofen auf 180 °C vorheizen. Ein Backblech mit Backpapier belegen. Zucker, Haferflocken, Mehl, je 1 Prise Salz und Zimt sowie die Cranberrys in einer Schüssel mischen.

02. Den Reisdrink dazugießen und nur kurz untermischen, sonst wird die Masse zu weich. Etwa 10 Minuten ruhen lassen, damit der Teig etwas quellen kann.

03. Dann mit zwei Löffeln kleine Häufchen auf das Blech geben und mit dem Löffelrücken etwas flach drücken. Die Haferflocken-Cookies im Ofen auf der mittleren Schiene 10 bis 15 Minuten backen. Herausnehmen und auskühlen lassen.

SCHWARZ-WEISS-GEBÄCK

AUF KLASSISCHE ART

ZUTATEN FÜR CA. 50 STÜCK

- 420 g Mehl
- 150 g Puderzucker
- 1 Msp. abgeriebene unbehandelte Zitronenschale
- 1 Msp. Vanillemark
- Salz
- 2 EL Sojadrink
- 300 g weiche Margarine
- 3 EL Kakaopulver
- Mehl für die Arbeitsfläche

ZUBEREITUNG

01. Das Mehl auf die Arbeitsfläche sieben und in die Mitte eine Mulde drücken. Den Puderzucker mit der Zitronenschale, dem Vanillemark, 1 Prise Salz und dem Sojadrink in die Mulde geben. Die Margarine in Flöckchen am Rand verteilen. Alles mit den Händen rasch zu einem glatten Teig verkneten, zu einer Kugel formen und in Frischhaltefolie gewickelt 2 bis 3 Stunden kühl stellen.

02. Den Mürbeteig halbieren und unter die Hälfte des Teigs das Kakaopulver kneten. Beide Teige in Frischhaltefolie gewickelt weitere 1 bis 2 Stunden kühl stellen.

03. Den Backofen auf 190 °C vorheizen. Von beiden Teigen jeweils knapp ein Drittel zum Ummanteln abnehmen und kühl stellen. Die Teige nochmals durchkneten und auf bemehlter Arbeitsfläche jeweils zu einem 8 mm dicken Rechteck ausrollen und in 8 mm breite Streifen schneiden. Die einzelnen Streifen mit ganz wenig Wasser bestreichen und nach Belieben Hell und Dunkel zusammensetzen (insgesamt immer neun Streifen). Nochmals kühl stellen.

04. Die beiseitegelegten Teige jeweils auf der bemehlten Arbeitsfläche 3 mm dick ausrollen, mit wenig Wasser bestreichen und die Stangen mal hell und mal dunkel einschlagen. Nochmals kühl stellen.

05. Die Stangen in ½ cm breite Scheiben schneiden. Auf ein mit Backpapier belegtes Backblech legen und im Ofen auf der mittleren Schiene 10 bis 12 Minuten backen. Das Schwarz-Weiß-Gebäck herausnehmen, abkühlen lassen und in gut verschließbaren Dosen aufbewahren.

04

PIKANT & KNUSPRIG

CIABATTA
MIT OLIVEN

ZUTATEN FÜR 1 GROSSES BROT ODER 2 KLEINERE

- **450 g Weizenmehl**
- **50 g Vollkornmehl**
- **100 g Weizenbackschrot**
- **1 Würfel Hefe (42 g)**
- **3–4 EL Olivenöl**
- **1 TL Salz**
- **½ TL Oregano**
- **150–200 g grüne oder schwarze Oliven (ohne Stein)**
- **Mehl für die Arbeitsfläche**

ZUBEREITUNG

01. Beide Mehlsorten in eine Schüssel sieben. Den Schrot bis auf 1 EL dazugeben und alles mischen. Die Hefe zerbröckeln, in 300 ml lauwarmem Wasser auflösen, zum Mehl geben und mit 2 bis 3 EL Olivenöl, Salz und dem Oregano gut verkneten. Der Teig sollte geschmeidig sein und sich vom Schüsselrand lösen. Falls nötig, noch etwas Mehl oder Wasser hinzufügen. Zugedeckt an einem warmen Ort etwa 2 Stunden ruhen lassen.

02. Anschließend die Oliven unterkneten. Den Teig auf der bemehlten Arbeitsfläche zu 1 oder 2 Laiben formen. Nochmals an einem warmen Ort etwa 45 Minuten gehen lassen.

03. Den Backofen auf 220 °C (Umluft) vorheizen. Die Brote mit dem restlichen Öl einstreichen und mit dem restlichen Schrot und ein wenig Mehl bestreuen. Im Ofen auf der mittleren Schiene etwa 10 Minuten backen. Dann die Temperatur auf 200 °C herunterschalten und die Brote weitere 20 bis 30 Minuten fertig backen. Ein großes Ciabatta etwa 15 Minuten länger backen.

TIPP – *Servieren Sie dieses italienische Olivenbrot zum Beispiel zu frischem Blattsalat mit Tomaten.*

BRÖTCHEN
AUF KLASSISCHE ART

ZUBEREITUNG

01. Die Hefe zerbröckeln und in etwa 300 ml lauwarmem Wasser auflösen. 4 bis 5 EL Mehl einrühren und etwa 10 Minuten quellen lassen. Das restliche Mehl mit dem Salz und dem Zucker in einer Schüssel mischen. Das Hefewasser dazugießen und alles mit den Händen oder mit den Knethaken des Handrührgeräts zu einem glatten, geschmeidigen Teig verkneten. Falls nötig, noch etwas Mehl oder Wasser hinzufügen. Zugedeckt an einem warmen Ort etwa 1½ Stunden gehen lassen.

02. Ein Backblech mit Backpapier belegen. Den Teig anschließend auf der bemehlten Arbeitsfläche zu einem Strang formen und in 12 gleich große Stücke schneiden. Zu Brötchen formen, in Mehl wälzen und auf das Blech legen. Zugedeckt nochmals etwa 30 Minuten gehen lassen.

03. Den Backofen auf 220 °C vorheizen. Eine hitzebeständige Schale mit Wasser hineinstellen. Die Brötchen im Ofen auf der mittleren Schiene 20 bis 25 Minuten goldbraun backen.

TIPP – *Nach Belieben können Sie die Brötchen vor dem Backen auch in etwas Mohn oder Sesam wälzen. Mit Sonnenblumenkernen oder Haferflocken bestreut schmecken sie ebenfalls sehr gut.*

ZUTATEN FÜR 12 STÜCK

- **1 Würfel Hefe (42 g)**
- **500 g Mehl**
- **2 TL Salz**
- **½ TL Zucker**
- **Mehl für die Arbeitsfläche**

LAUCH-FLAMMKUCHEN
MIT RÄUCHERTOFU

ZUTATEN FÜR 4 STÜCK

- 10 g frische Hefe
- ca. 350 g Mehl
- Salz
- Mehl für die Arbeitsfläche
- 200 g Seidentofu
- 3–4 EL Reisdrink
- 2 EL Schnittlauchröllchen
- Pfeffer aus der Mühle
- 2 Stangen Lauch
- 150–200 g Räuchertofu

ZUBEREITUNG

01. Die Hefe in etwa 150 ml lauwarmem Wasser auflösen. Das Mehl mit 1 TL Salz in einer Schüssel mischen und in die Mitte eine Mulde drücken. Das Hefewasser hineingießen und alles zu einem geschmeidigen Teig verkneten. Nach Bedarf die Mehlmenge leicht variieren. Zugedeckt an einem warmen Ort etwa 45 Minuten gehen lassen.

02. Den Backofen auf 240 °C (Umluft) vorheizen. Zwei Backbleche mit Backpapier belegen. Den Hefeteig auf der bemehlten Arbeitsfläche nochmals durchkneten, in 4 Stücke teilen und jeweils zu einem länglichen Fladen ausrollen. Je 2 Stück auf ein Backblech legen.

03. Den Seidentofu mit dem Reisdrink und den Schnittlauchröllchen glatt rühren und mit Salz und Pfeffer würzen. Die Mischung auf den Teig streichen, dabei einen schmalen Rand frei lassen.

04. Den Lauch putzen, waschen und in schmale Ringe schneiden. Den Räuchertofu in kleine Würfel schneiden. Lauch und Tofu auf den Fladen verteilen. Die Fladen im Ofen auf der mittleren Schiene 10 bis 15 Minuten goldbraun und knusprig backen. Die Lauch-Flammkuchen vom Blech nehmen, leicht mit Salz und Pfeffer würzen und in Stücke geschnitten servieren.

PIZZABROTE

MIT ZUCCHINI UND ZWIEBELN

ZUTATEN FÜR 2 STÜCK

- ½ Würfel Hefe (21 g)
- 400 g Mehl
- Salz
- 50 ml Olivenöl
- Olivenöl für das Blech und zum Bestreichen
- 1–2 rote Zwiebeln
- 1–2 Zucchini
- 1–2 TL gerebelter Thymian
- Pfeffer aus der Mühle
- Mehl für die Arbeitsfläche
- grobes Meersalz

ZUBEREITUNG

01. Die Hefe in 200 ml lauwarmem Wasser auflösen. Das Mehl mit ½ TL Salz in einer Schüssel mischen und in die Mitte eine Mulde drücken. Das Hefewasser mit dem Olivenöl hineingießen und alles mit den Knethaken des Handrührgeräts zu einem geschmeidigen Teig verkneten. Zugedeckt an einem warmen Ort etwa 45 Minuten gehen lassen.

02. Den Backofen auf 220 °C vorheizen. Ein Backblech einfetten. Zwiebeln schälen und in feine Ringe schneiden. Zucchini waschen, putzen und in dünne Scheiben hobeln oder schneiden. Zwiebeln und Zucchini mit Thymian mischen und mit Salz und Pfeffer würzen.

03. Den Hefeteig auf der bemehlten Arbeitsfläche nochmals gut durchkneten. Den Teig zu 2 Fladen von etwa 20 cm Durchmesser ausrollen und auf das Blech legen. Die Oberfläche mehrmals mit einer Gabel einstechen. Mit Olivenöl bestreichen und mit etwas grobem Meersalz bestreuen. Mit den Zucchini und Zwiebeln belegen und zugedeckt nochmals 15 Minuten gehen lassen.

04. Die Fladen im Ofen auf der mittleren Schiene etwa 25 Minuten backen. Die Pizzabrote aus dem Ofen nehmen und warm in Stücke geschnitten servieren.

RUSTIKALE PIZZEN
MIT TOMATEN

ZUBEREITUNG

01. Für den Teig die Hefe mit 1 Prise Zucker in 200 ml lauwarmem Wasser auflösen. Beide Mehle und das Salz in einer Schüssel mischen, in die Mitte eine Mulde drücken. Das Hefewasser und das Olivenöl hineingießen und alles mit den Händen oder den Knethaken des Handrührgeräts zu einem geschmeidigen Teig verkneten. Zugedeckt an einem warmen Ort etwa 45 Minuten gehen lassen.

02. Den Backofen mitsamt Backblech auf 220 °C vorheizen. Aus dem Teig 4 Kugeln formen, auf der leicht bemehlten Arbeitsfläche zu runden Fladen (à etwa 22 cm Durchmesser) ausrollen. Jeweils auf Backpapier legen.

03. Für den Belag die Tomaten waschen und in Scheiben schneiden, dabei gegebenenfalls die Stielansätze entfernen. Die Teigfladen mit den Tomatenscheiben belegen, mit Salz, Pfeffer und Thymian würzen. Etwas Olivenöl und Pesto verrühren und die Pizzen damit beträufeln.

04. Die Pizzen nacheinander mit dem Papier vorsichtig auf das heiße Blech gleiten lassen. Im Ofen je etwa 15 Minuten backen. Die Pizzen mit Kresse bestreut servieren.

TIPP – ***Probieren Sie doch auch einmal einen anderen Belag aus, z. B. mit einer klassischen Tomatensauce und Gemüse nach Wahl. Dazu einfach passierte Tomaten verwenden und mit Salz, Pfeffer und getrocknetem Oregano würzen. Die Tomatensauce auf dem Teig verstreichen und mit klein geschnittenem Gemüse belegen. Nach Belieben mit veganem Käse bestreuen und die Pizzen im Ofen backen.***

ZUTATEN FÜR 4 STÜCK

FÜR DEN TEIG:

+ **½ Würfel Hefe (21 g)**
+ **Zucker**
+ **250 g Mehl**
+ **200 g Maismehl**
+ **1 TL Salz**
+ **4 EL Olivenöl**

FÜR DEN BELAG:

+ **3 gelbe Tomaten**
+ **3 orange Tomaten**
+ **4 rote Eiertomaten**
+ **100 g Cocktailtomaten**
+ **Salz • Pfeffer aus der Mühle**
+ **1–2 TL gerebelter Thymian**
+ **Olivenöl zum Beträufeln**
+ **veganes grünes Pesto (Fertigprodukt)**
+ **Kresse zum Bestreuen (z. B. Sakura-Kresse und Gartenkresse)**

AUSSERDEM:

+ **Mehl für die Arbeitsfläche**

MINI-QUICHES
MIT KARTOFFELN UND PFIFFERLINGEN

ZUBEREITUNG

01. Die Kartoffeln mit der Schale gründlich waschen und in Salzwasser etwa 20 Minuten garen. Die Kartoffeln abgießen, ausdampfen lassen und möglichst heiß pellen. Abkühlen lassen und in Scheiben schneiden.

02. Inzwischen die Zwiebel schälen und in feine Würfel schneiden. Die Pfifferlinge putzen und, falls nötig, trocken abreiben, und je nach Größe halbieren, vierteln oder ganz lassen. Margarine und Olivenöl in einer großen Pfanne erhitzen und die Pilze und die Zwiebel darin etwa 5 Minuten braten. Mit Salz und Pfeffer würzen.

03. Den Backofen auf 180 °C vorheizen. Den Tofu mit der Hafersahne zu einer glatten Masse pürieren. Die Hälfte der Petersilie unterheben. Mit Salz und Pfeffer würzen.

04. Den Blätterteig ausrollen, 4 Kreise à etwa 15 cm Durchmesser ausschneiden (oder eine Springform von 26 cm Durchmesser verwenden), in die Formen legen und leicht andrücken, dabei einen Rand formen. Die Pilze mit der Tofu-Sahne mischen. Die Kartoffelscheiben auf den Blätterteigböden auslegen und mit der Pilzmasse übergießen. Die Quiches im Ofen auf der mittleren Schiene etwa 20 Minuten (für eine Springform etwa 40 Minuten) backen.

TIPP – *Für diese herbstlichen Quiches können Sie nach Belieben auch gemischte Pilze verwenden. So passen z. B. Champignons oder Steinpilze sehr gut.*

ZUTATEN FÜR 4 QUICHE-FORMEN (CA. 12 CM Ø)

+ **300 g festkochende Kartoffeln**
+ **Salz**
+ **1 Zwiebel**
+ **350 g Pfifferlinge**
+ **1 TL Margarine**
+ **1 TL Olivenöl**
+ **Pfeffer aus der Mühle**
+ **150 g Räuchertofu**
+ **100 g Hafersahne**
+ **3 EL gehackte Petersilie**
+ **200 g veganer Blätterteig (aus dem Kühlregal)**

PAPRIKATARTE
MIT KAPERN

ZUBEREITUNG

01. Für den Teig das Mehl mit der Margarine in Flöckchen, Salz und etwa 80 ml Wasser zu einem glatten Teig verkneten. Falls nötig, noch Mehl oder Wasser hinzufügen. Den Teig zu einer Kugel formen und in Frischhaltefolie gewickelt etwa 1 Stunde kühl stellen.

02. Für den Belag die Paprika längs halbieren, entkernen, waschen und in Streifen schneiden. Die Zwiebeln schälen, halbieren und in dünne Scheiben schneiden. Den Knoblauch schälen und ebenfalls in dünne Scheiben schneiden. Den Thymian waschen und trocken tupfen. Von 2 Zweigen die Blättchen abzupfen und fein hacken, die restlichen Zweige beiseitelegen. Die Tomaten abtropfen lassen und in Streifen schneiden.

03. Das Olivenöl in einer großen Pfanne erhitzen und die Paprika mit den Zwiebeln und dem Knoblauch darin etwa 3 Minuten dünsten. Dann vom Herd nehmen und die Tomaten und die Kapern untermischen. Mit Salz und Pfeffer leicht würzen.

04. Den Backofen auf 200 °C vorheizen. Eine Tarteform einfetten. Den Teig auf der bemehlten Arbeitsfläche etwas größer als die Form ausrollen, diese damit auslegen, dabei einen Rand formen und überstehende Teigreste abschneiden. Den Boden mit einer Gabel mehrmals einstechen und im Ofen auf der mittleren Schiene etwa 7 Minuten vorbacken.

05. Inzwischen für die Sauce die Cashewnüsse mit den Hefeflocken, dem Essig und 200 ml Wasser glatt pürieren. Den gehackten Thymian untermischen. Mit Salz und Pfeffer würzen. Den Gemüsebelag abwechselnd mit der Sauce auf dem Boden verteilen und die Tarte im Ofen weitere 35 bis 40 Minuten backen. Die Paprikatarte mit dem übrigen Thymian garniert servieren.

ZUTATEN FÜR 1 TARTEFORM (CA. 26 CM Ø)

FÜR DEN TEIG:

+ **330 g Dinkelmehl**
+ **150 g Margarine**
+ **1 TL Meersalz**

FÜR DEN BELAG:

+ **je 1 rote und gelbe Paprikaschote**
+ **2 rote Zwiebeln**
+ **2 Knoblauchzehen**
+ **4 Thymianzweige**
+ **40 g getrocknete Tomaten (in Öl)**
+ **1 EL Olivenöl**
+ **30 g Kapern (aus dem Glas, abgetropft)**
+ **Salz • Pfeffer aus der Mühle**
+ **100 g Cashewnusskerne**
+ **2 EL Hefeflocken**
+ **1 TL Weißweinessig**

AUSSERDEM:

+ **Olivenöl für die Form**
+ **Mehl für die Arbeitsfläche**

ROTE-BETE-TARTE

MIT KARTOFFELN UND FENCHEL

ZUBEREITUNG

01. Für den Belag die Roten und Gelben Beten sowie die Kartoffeln putzen, waschen und in Salzwasser etwa 20 Minuten garen. Anschließend abgießen, abkühlen lassen, schälen und in etwa 2 cm dicke Scheiben schneiden.

02. Für den Teig Mehl, Butter in Würfeln, Salz sowie 2 bis 3 EL kaltes Wasser rasch zu einem glatten Teig verkneten. Falls nötig, noch etwas Mehl oder Wasser hinzufügen. Den Teig zu einer Kugel formen und in Frischhaltefolie gewickelt 30 Minuten kühl stellen.

03. Den Fenchel putzen, waschen, halbieren und den Strunk entfernen. Fenchel in Scheiben schneiden. Zwiebel schälen, halbieren und in feine Scheiben schneiden. Beides in Wein und Gemüsebrühe etwa 4 Minuten dünsten. Auf einem Sieb abtropfen lassen. Mit Salz und Pfeffer würzen.

04. Den Backofen auf 180 °C vorheizen. Eine Tarteform einfetten. Den Teig auf der bemehlten Arbeitsfläche etwas größer als die Form ausrollen. Die Butter mit dem Zucker schmelzen. Sobald der Karamell leicht bräunt, sofort vom Herd nehmen und gleichmäßig auf dem Teigboden verteilen.

05. Die Kartoffel- sowie Gemüsescheiben in der Tarteform auslegen. Mit Salz und Pfeffer würzen und mit der Hälfte des Thymians bestreuen. Die Fenchelmischung daraufgeben, mit dem restlichen Thymian bestreuen und den Tofu darüberbröckeln.

06. Den ausgerollten Teig mit der Karamellseite nach unten auf die Füllung legen, den überstehenden Teig zwischen Form und Füllung drücken. Im Ofen auf der mittleren Schiene etwa 40 Minuten backen. Herausnehmen, etwas abkühlen lassen, mit einem Teller belegen, umdrehen und stürzen. Die Rote-Bete-Tarte mit Portulak garniert servieren.

ZUTATEN FÜR 1 TARTEFORM (CA. 26 CM Ø)

FÜR DEN BELAG:

+ **250 g Rote und Gelbe Bete**
+ **200 g lila Kartoffeln (Vitelotte)**
+ **Salz**
+ **1 kleine Fenchelknolle (ca. 150 g)**
+ **1 kleine Zwiebel**
+ **50 ml trockener Weißwein**
+ **50 ml Gemüsebrühe**
+ **Pfeffer aus der Mühle**
+ **1 EL vegane Butter**
+ **2 EL Zucker**
+ **2 EL frisch gehackter Thymian**
+ **100 g Seidentofu**

FÜR DEN TEIG:

+ **200 g Weizen- oder Dinkelvollkornmehl**
+ **80 g kalte vegane Butter**
+ **¼ TL Salz**

AUSSERDEM:

+ **vegane Butter für die Form**
+ **Mehl für die Arbeitsfläche**
+ **Portulak zum Garnieren**

TOMATENTARTE

MIT BASILIKUM-TOFU-CREME

ZUTATEN FÜR 1 TARTEFORM (26 CM Ø)

FÜR DEN TEIG:

- **300 g Weizenvollkornmehl**
- **30 g gemahlene Haselnüsse**
- **½ TL Salz • 150 g Margarine**

FÜR DEN BELAG:

- **5 Tomaten • 1–2 Handvoll Basilikum**
- **400 g Seidentofu • 2 EL Rapsöl**
- **2 EL Speisestärke • ½ TL Kurkuma**
- **1 TL Salz • Pfeffer aus der Mühle**
- **frisch geriebene Muskatnuss**

AUSSERDEM:

- **Margarine für die Form**
- **Mehl für die Arbeitsfläche**

ZUBEREITUNG

01. Für den Teig Mehl mit Nüssen und Salz mischen. Etwa 75 ml Wasser und Margarine in Flöckchen dazugeben, alles rasch verkneten. Den Teig zu einer Kugel formen und in Frischhaltefolie gewickelt etwa 1 Stunde kühl stellen.

02. Für den Belag Tomaten waschen und halbieren, Stielansätze entfernen. Basilikum abbrausen, trocken schütteln und fein hacken. Tofu mit Öl und Speisestärke pürieren. Basilikum, Kurkuma, Salz, Pfeffer und 1 Prise Muskatnuss dazugeben und verrühren.

03. Den Backofen auf 200 °C vorheizen. Eine Tarteform einfetten. Den Teig auf der bemehlten Arbeitsfläche in Größe der Form ausrollen. In die Tarteform legen, dabei einen Rand formen. Den Boden mit einer Gabel mehrmals einstechen und im Ofen auf der mittleren Schiene etwa 10 Minuten vorbacken. Dann die Tofucreme darauf verstreichen und die Tomaten mit der Schnittfläche nach oben hineinsetzen. Im Ofen etwa 20 Minuten backen, danach die Temperatur auf 180 °C reduzieren. Etwa 15 Minuten fertig backen. Falls die Tarte zu stark bräunt, mit Alufolie abdecken.

04. Die Tomatentarte nach dem Backen einige Minuten abkühlen lassen, dann aus der Form lösen und warm oder kalt servieren.

MÖHRENTARTELETTES
MIT AUBERGINE

ZUTATEN FÜR 4 TARTELETTEFÖRMCHEN (À CA. 10 CM Ø)

- **250 g Dinkelmehl • Salz**
- **125 g kalte vegane Butter**
- **vegane Butter für die Förmchen**
- **1 Aubergine**
- **250 g Möhren • 2 Schalotten**
- **1 Knoblauchzehe • 2–3 EL Olivenöl**
- **Pfeffer aus der Mühle**
- **½ TL Cayennepfeffer**
- **1 Msp. Ingwerpulver**
- **frisch geriebene Muskatnuss**
- **Mehl für die Arbeitsfläche**
- **2 EL Sojamehl**
- **½ TL Bio-Zitronenschale • 150 ml Sojasahne**
- **4 EL Sojacreme • 1–2 EL gehackte Kräuter**

ZUBEREITUNG

01. Das Mehl mit 1 Prise Salz, der Butter in Würfeln und etwa 3 EL eiskaltem Wasser zu einem festen Teig verkneten. Den Teig zu einer Kugel formen und in Frischhaltefolie gewickelt 30 Minuten kühl stellen.

02. Den Backofen auf 180 °C vorheizen. Vier kleine Tarteletteförmchen einfetten. Aubergine putzen, waschen und in kleine Stücke schneiden. Kräftig mit Salz bestreuen und 10 Minuten Wasser ziehen lassen. Inzwischen Möhren schälen und in kleine Würfel schneiden. Schalotten und Knoblauch schälen. Schalotten in Spalten, Konblauch in feine Würfel schneiden. Auberginen trocken tupfen und mit Möhren, Schalotten und Knoblauch in einer Pfanne im Öl 5 bis 6 Minuten anbraten. Mit Salz, Pfeffer, Cayennepfeffer, Ingwerpulver und 1 Prise Muskatnuss würzen und beiseitestellen.

03. Den Teig auf der leicht bemehlten Arbeitsfläche ausrollen. Die Förmchen damit auslegen. Sojamehl mit 4 EL Wasser verrühren. Zitronenschale, Sojasahne und -creme unterrühren, mit Salz und Pfeffer würzen und auf dem Teig verteilen. Mit Gemüse belegen und im Ofen auf der mittleren Schiene etwa 30 Minuten backen. Die Möhrentartelettes herausnehmen, abkühlen lassen, aus der Form lösen und mit den Kräutern bestreut servieren.

MANGOLDSTRUDEL
MIT CASHEWKERNEN

ZUBEREITUNG

01. Den Mangold putzen und waschen. Die Stiele abschneiden und beiseitelegen, die Blätter in etwa 2 cm breite Streifen schneiden. Den Knoblauch und die Zwiebeln schälen, beides in feine Würfel schneiden und in einer Pfanne im Öl andünsten. Die Mangoldstiele dazugeben und 3 bis 4 Minuten unter Rühren andünsten, dann die Mangoldblätter dazugeben und unter Rühren zusammenfallen lassen. Das Mangoldgemüse auf einem Sieb abtropfen lassen. Mit Salz, Pfeffer, 1 Prise Muskatnuss und Cayennepfeffer würzen. Die Cashewkerne untermischen.

02. Den Backofen auf 200 °C (Umluft) vorheizen. Ein Backblech einfetten. Den Blätterteig auf der bemehlten Arbeitsfläche ausrollen und auf einem leicht bemehlten Küchentuch auslegen.

03. Das Mangoldgemüse als etwa 5 cm dicken Strang am unteren Rand des Teiges entlang verteilen, dabei unten und an den Seiten einen etwa 5 cm breiten Rand frei lassen. Die Teigseiten nach innen umlegen, den unteren Teigrand über die Füllung schlagen. Den Strudel mithilfe des Tuchs aufrollen. Mit der Naht nach unten auf das Blech legen, nach Belieben mit etwas Öl bestreichen. Im Ofen auf der mittleren Schiene etwa 30 Minuten goldbraun backen. Den Mangoldstrudel mit Cashewkernen bestreut und in Stücke geschnitten servieren.

ZUTATEN FÜR 1 STRUDEL (BZW. FÜR 4 PERSONEN)

+ **500–600 g Mangold**
+ **2 Knoblauchzehen**
+ **1–2 Zwiebeln**
+ **3–4 EL Öl**
+ **Salz • Pfeffer aus der Mühle**
+ **frisch geriebene Muskatnuss**
+ **Cayennepfeffer**
+ **150 g Cashewkerne**
+ **Öl für das Backblech**
+ **275 g veganer Blätterteig (aus dem Kühlregal)**
+ **Mehl für die Arbeitsfläche**
+ **Cashewkerne zum Garnieren**

PILZSTRUDEL
MIT PAPRIKASCHOTEN

ZUBEREITUNG

01. Für den Teig das Mehl mit dem Salz und 2 TL Öl mischen und unter Zugabe von Essig und 70 bis 80 ml lauwarmem Wasser mit den Knethaken des Handrührgeräts zu einem festen Teig verkneten. Den Teig auf der bemehlten Arbeitsfläche mit den Händen nochmals kräftig durchkneten (5 bis 10 Minuten). Zu einer Kugel formen, mit dem restlichen Öl bestreichen und zugedeckt etwa 30 Minuten ruhen lassen.

02. Für die Füllung die Zwiebeln und den Knoblauch schälen und fein würfeln. Die Pilze putzen und, falls nötig, trocken abreiben. Die Kräuter waschen, trocken schütteln, die Blättchen abzupfen und fein hacken. Die Paprikaschoten längs halbieren, entkernen, waschen und in kleine Würfel schneiden. Das Öl in einer Pfanne erhitzen und Zwiebeln, Knoblauch und Pilze darin anbraten. Die Paprikawürfel dazugeben, 1 Minute mitbraten, vom Herd nehmen und die Kräuter unterheben. Alles mit Salz, Pfeffer und einigen Spritzern Worcestersauce abschmecken.

03. Den Backofen auf 180 °C (Umluft) vorheizen. Ein Backblech mit Backpapier belegen. Den Teig auf der leicht bemehlten Arbeitsfläche ausrollen und auf einem bemehlten Küchentuch auslegen. Den Teig über die Handrücken vorsichtig hauchdünn zu einem Rechteck ausziehen (etwa 40 x 60 cm) und mit etwa 2 EL Öl bepinseln.

04. Die Füllung auf dem Teig verteilen, dabei unten und an den Seiten einen etwa 5 cm breiten Rand frei lassen. Die Ränder über die Füllung schlagen und mithilfe des Tuchs zu einem Strudel aufrollen. Mit der Naht nach unten auf das Blech legen und mit etwas Öl bestreichen. Im Ofen auf der mittleren Schiene etwa 40 Minuten goldbraun backen. Den Pilzstrudel herausnehmen und in Stücke geschnitten servieren.

ZUTATEN FÜR 1 STRUDEL BZW. FÜR 4 PERSONEN

FÜR DEN TEIG:

+ **200 g Dinkelmehl**
+ **½ TL Salz**
+ **3 TL Sonnenblumenöl**
+ **1 TL Apfelessig**

FÜR DIE FÜLLUNG:

+ **2 Zwiebeln**
+ **1 Knoblauchzehe**
+ **400 g Champignons**
+ **3–4 Stängel Petersilie**
+ **2 Stängel frischer Majoran**
+ **2 rote Paprikaschoten**
+ **2 EL Öl**
+ **Salz • Pfeffer aus der Mühle**
+ **Worcestersauce**

AUSSERDEM:

+ **Mehl für die Arbeitsfläche**
+ **3–4 EL Öl zum Bestreichen**

BROTSCHNECKEN
MIT PETERSILIENPESTO UND AUBERGINEN

ZUBEREITUNG

01. Für den Teig das Mehl in eine große Schüssel geben und in die Mitte eine Mulde hineindrücken. Die Hefe zerbröckeln und mit dem Zucker in 625 ml lauwarmem Wasser auflösen. Die Mischung in die Mulde gießen und vom Rand her etwas Mehl einrühren, bis ein dünner Teig entsteht. Den Teig mit einem feuchten Küchentuch zugedeckt an einem warmen Ort 15 Minuten gehen lassen.

02. Restliches Mehl und Meersalz einarbeiten. Alles mit den Knethaken des Handrührgeräts mindestens 5 Minuten kneten, bis ein elastischer Teig entstanden ist. Zugedeckt an einem warmen Ort 45 Minuten gehen lassen.

03. Für das Pesto die Kräuter waschen und trocken schütteln. Die Blätter abzupfen und mit Olivenöl, Walnüssen und Pinienkernen pürieren. Mit Salz und Pfeffer abschmecken.

04. Die Auberginen der Länge nach in ½ cm breite Scheiben schneiden. Die Scheiben mit Salz und Pfeffer würzen. 10 Minuten Wasser ziehen lassen. Mit Küchenpapier trocken tupfen und im Olivenöl auf beiden Seiten 2 Minuten braten.

05. Den Teig nochmals kurz kneten und in zwei Portionen teilen. Die Teighälften auf der bemehlten Arbeitsfläche jeweils etwa 1 cm dick auf 40 x 40 cm ausrollen und gleichmäßig mit dem Pesto bestreichen. Die Auberginenscheiben darauf verteilen und die Teigplatten aufrollen. Die Teigrollen in 5 cm dicke Scheiben schneiden. Mit der Schnittfläche nach oben dicht nebeneinander auf ein eingefettetes Backblech legen. Zugedeckt 30 Minuten gehen lassen.

06. Ein leeres Backblech auf die unterste Schiene im Backofen schieben. Den Ofen auf 180 °C (Umluft) vorheizen. Das Blech mit den Brotschnecken in den Ofen auf die mittlere Schiene schieben. Etwa 100 ml Wasser auf das leere Blech gießen. Die Schnecken 20 bis 25 Minuten backen.

ZUTATEN FÜR 10–12 STÜCK

FÜR DEN TEIG:

+ **1 kg Weizenmehl (Type 550)**
+ **1 Würfel Hefe (42 g)**
+ **2 EL Zucker • 1 EL Meersalz**

FÜR DAS PESTO:

+ **1 Bund Petersilie**
+ **½ Bund Liebstöckel**
+ **100 ml Olivenöl**
+ **50 g Walnüsse**
+ **50 g Pinienkerne (geröstet)**
+ **Salz • Pfeffer aus der Mühle**

FÜR DIE AUBERGINEN:

+ **3 Auberginen (900–1000 g)**
+ **Salz • Pfeffer aus der Mühle**
+ **60 ml Olivenöl**

AUSSERDEM:

+ **Mehl für die Arbeitsfläche**
+ **Margarine für das Blech**

KRÄUTER-BRIOCHES
MIT ROTEM PFEFFER

ZUBEREITUNG

01. Die Hefe und den Zucker in dem Sojadrink auflösen. Ein paar Minuten ruhen lassen. Die Pfefferbeeren im Mörser zerstoßen. Die Kräuter waschen, trocken schütteln und sehr fein hacken.

02. Mehl, Salz und Olivenöl in einer Schüssel mischen und die Hefemischung dazugeben. Zu einem geschmeidigen Teig kneten. Kräuter und Pfeffer einarbeiten. Falls nötig, noch etwas Mehl oder Sojadrink hinzufügen. Den Teig zugedeckt an einem warmen Ort etwa 20 Minuten gehen lassen.

03. Den Teig auf der bemehlten Arbeitsfläche nochmals durchkneten, zu 8 gleich großen Kugeln formen und von diesen jeweils etwa ein Drittel abtrennen und ebenfalls zu Kugeln formen. Acht Brioche-Förmchen einfetten, die großen Teigkugeln hineinsetzen und eine kleine Mulde formen. Die kleinen Kugeln in die Mulde setzen und etwas andrücken. Zugedeckt an einem warmen Ort nochmals etwa 40 Minuten gehen lassen.

04. Den Backofen auf 180 °C vorheizen. Die Kräuter-Brioches mit Olivenöl bestreichen und im Ofen auf der mittleren Schiene 20 bis 25 Minuten goldbraun backen.

TIPP — ***Wenn Sie keine Brioche-Förmchen besitzen, können Sie auch ein Muffinblech mit acht Mulden verwenden. Bei einem Muffinblech mit zwölf Mulden für 12 kleinere Brioches sollten Sie beachten, dass sich die Backzeit um etwa 5 Minuten verkürzen kann.***

ZUTATEN FÜR 8 STÜCK

- **1 Päckchen Trockenhefe**
- **1 TL Zucker**
- **250 ml lauwarmer Sojadrink**
- **½ TL rote Pfefferbeeren**
- **1 Handvoll gemischte Kräuter (z. B. Bärlauch, Petersilie, Thymian)**
- **300 g Mehl**
- **1 TL Salz**
- **1 EL Olivenöl**
- **Mehl für die Arbeitsfläche**
- **Olivenöl für die Förmchen und zum Bestreichen**

PESTO-ROSSO-PLÄTZCHEN

UND ROSMARIN-GRISSINI

ZUBEREITUNG DER PESTO-ROSSO-PLÄTZCHEN

01. Das Mehl mit Salz, Paprikapulver und Natron mischen. Die Margarine in Flöckchen mit etwa 3 EL eiskaltem Wasser zur Mehlmischung geben. Alles rasch zu einem festen Teig verkneten. Das Pesto dazugeben und unterkneten. Falls nötig, noch etwas Mehl hinzufügen. Zu einer Kugel formen und in Frischhaltefolie gewickelt etwa 1 Stunde kühl stellen.

02. Den Backofen auf 200 °C vorheizen. Ein Backblech mit Backpapier belegen. Den Teig in 4 Stücke teilen und daraus etwa 3 cm dicke Rollen formen. Diese auf der mit Mehl und Grieß bestreuten Arbeitsfläche in etwa 1,5 cm dicke Scheiben schneiden, leicht in der Mehl-Grieß-Mischung wenden und auf das Blech legen. Die Pesto-Rosso-Plätzchen im Ofen auf der mittleren Schiene 10 bis 15 Minuten backen.

ZUTATEN FÜR CA. 40 STÜCK

- **250 g feines Dinkelmehl**
- **½ TL Salz**
- **1 TL Paprikapulver (edelsüß)**
- **1 Msp. Natron**
- **125 g kalte Margarine**
- **2–3 EL veganes rotes Pesto**
- **Mehl und Grieß für die Arbeitsfläche**

ZUBEREITUNG DER ROSMARIN-GRISSINI

01. Die Hefe zerbröckeln und mit Mehl, Grieß, Salz, Olivenöl, etwa 100 ml lauwarmem Wasser, 1 Prise Zucker und Rosmarin in eine Schüssel geben und zu einem glatten Teig verkneten, der sich vom Schüsselrand löst. Zugedeckt an einem warmen Ort etwa 30 Minuten gehen lassen.

02. Ein Backblech mit Backpapier belegen. Den Teig nochmals gut durchkneten, zu einer Rolle formen und in etwa 20 Stücke teilen. Diese auf der bemehlten Arbeitsfläche zu etwa 20 cm langen Strängen formen und nebeneinander mit etwas Abstand auf das Backblech legen. Zugedeckt nochmals etwa 20 Minuten gehen lassen.

03. Den Backofen auf 160 °C (Umluft) vorheizen. Die Rosmarin-Grissini mit Wasser bestreichen und im Ofen auf der mittleren Schiene etwa 20 Minuten goldbraun und kross backen. Vom Blech nehmen und auskühlen lassen.

ZUTATEN FÜR CA. 20 STÜCK

- **10 g frische Hefe**
- **200 g Mehl**
- **50 g Weizengrieß**
- **½ TL Salz**
- **50 ml Olivenöl**
- **Zucker**
- **1–2 TL getrockneter Rosmarin**
- **Mehl für die Arbeitsfläche**

REZEPTREGISTER

IMPRESSUM

© 2016 ZS VERLAG GmbH
Türkenstraße 9
D-80333 München
1. Auflage 2016
ISBN: 978-3-89883-532-9

Projektleitung: Katharina Wolf
Lektorat: Katharina Wolf, Katharina Lisson
Redaktionelle Mitarbeit: Susanna Heuschkel
Grafik Design & Artdirection: Seidldesign
Grafik & Satz: Irene Schulz, Kerstin Duben
Herstellung: Peter Karg-Cordes
Producing: Jan Russok
Druck & Bindung: Neografia, Martin

Die ZS Verlag GmbH ist ein Unternehmen der Edel AG, Hamburg.
www.zs-verlag.com
www.facebook.com/zs-verlag

BILDNACHWEIS

Umschlag: Eising Studio|Food Photo & Video: vorne; STOCKFOOD: Hendey, M.: hinten (l.); Jalag/Hoersch, J.: hinten (M.); Westermann, J.-P.: hinten (r.)
Innen- und Außenklappe: Eising Studio|Food Photo & Video
Innenteil: Eising Studio – Food Photo & Video/Görlach, M.: 97; Eising, S.: 47, 83, 121; Westermann, J.-P.: 81; STOCKFOOD: Amiel, J.-C.: 59; Bauer Syndication: 43, 49, 63; Bischof, H.: 114; Cartier, C.: 95; Castilho, R.: 2 (l.), 13, 25, 28, 57, 75, 119; Cato-Symonds, S.: 35; Chaudron Pastel: 71; Eising Studio – Food Photo & Video: 2 (r.), 93, 107, 109; Foodcollection: 27; Garlick, I.: 89; Garten, P.: 45; Goyoaga, A.: 113; GU Verlag/Lang, C.: 104 /mona binner Photographie: 2 (u.), 117 /Riis, R.: 85, 90; /Schardt, W.: 24, 61, 111; Great Stock!: 91; Hannas, D.: 15; Hay, J.: 41; Hendey, M.: 2 (o.), 55; Jacobs, M.: 19; Jalag/Hoersch, J.: 33, 58 / Schardt, W.: 115; Janssen, V.: 74; Joy Skipper FoodStyling: 10; Kirchherr, J.: 7, 21, 101; Leoni, Ira: 11; Lingwood, W.: 68; Lutterbeck, B.: 39; Mañas Aldaya, A.: 23; Miceli, P.: 8; Montoro, M.: 40; Morgans, Gareth: 125; Norton, J.: 48, 51; Paluchowska, M.: 14, 17, 94; Persson, P. M.: 105; PhotoCuisine/Fleurent, C.: 79 /Studio: 67, 73 /Syl d AB: 29, 103 /Viel, P. L.: 77; Rejmer, E.: 69; Riou, J.-C.: 80; Streim, M.: 31, 86; Weaver, S.: 87; Westermann, J.-P.: 123; Wischnewski, J.: 53; Young, A.: 20